時代を変える発想！

ゼロからの出発

菅下清廣×

7人のベンチャー

（倉林啓士郎、浜田寿人、田中禎人、
武永修一、園田崇、吉松徹郎、出雲充）

もくじ

倉林啓士郎・イミオ社長

浜田寿人・カフェグルーヴ社長

出雲充・ユーグレナ社長

倉林啓士郎・イミオ社長

【プロフィール】

くらばやし・けいしろう

１９８１年６月生まれ。２００４年東京大学経済学部在学中に創業。04年パキスタンの工場と提携し、フットボール・ブランド「ＳＦＩＤＡ」の事業を開始。05年卒業。06年株式会社イミオ設立。

創業間もないDeNAで明け方までアルバイト

菅下　倉林さんはルーツが鹿児島だそうですね。

倉林　そうです。

菅下　武将のようなお名前ですが、先祖がそう？

倉林　いや、違いますね（笑）。

菅下　実は私は、ある方からあなたを紹介されたことがあるのです。それで起業したきっかけが面白いと思いましてね。簡単に言うと、日本の今までの出世コースから外れている。東大を出てそのまま行けば大手銀行か中央官庁に行くところが、見向きもしなかった。

戦後、日本ではいい大学を出ていい会社に入る。これが価値観だった。そういうものにだんだん夢がなくなりつつある。では、違う生き方には、どんな生き方があるのか。その一つの例として、倉林さんのように、新しい事業を自らの手で起こし、何もないところ、ゼロから立ち上げる、という生き方がある。もはや「寄らば大樹のかげ」では駄目だ、ということだと思います。

ところで倉林さんは非常に恵まれた環境で育っていますね。高校はどちらでしたか？

倉林　筑波大附属の駒場高校です。

菅下　もう名門中の名門の高校。その高校を出て東大に入ったのに、卒業してから世界を放浪するような生活を送った。自分の価値観を求めてリュックサックを背負い、欧州に行き、最後にたどり着いたのがパキスタンだったとか。そこでサッカーボールをつくることを始めて、いま、イミオという会社でそれをやっている。

イミオが展開しているブランド名は？

倉林　ＳＦＩＤＡ（スフィーダ）です。

菅下　このブランドを世界のブランドにしたいというのが夢ですね。

なぜ大学を卒業してからすぐ就職しなかったのですか？

倉林　はい。僕も大学生時代は、他の学生たちとそんなに変わらない生活を送っていました。アルバイトもしていましたし、当時インターンシップは今ほど盛んではなかったですが、いろいろな企業を拝見させていただき、大学3年になるとみんな就職活動をし始めるので、僕も周りと一緒に活動はしました。

当時、東大の経済学部では、一番いい就職先と言われていたのが外資系のコンサルティングファームや証券会社でした。そういうところに応募して4年生の春頃には内定をいただいていました。当時、三枝匡さんなどの本を読んで、こんな仕事がしたいなと思っていたからです。

内定をもらうと卒業まで1年ぐらい時間ができるので、何か面白いことをやりたいと思い、そのときに出会ったのが、今モバゲーで人気を博しているDeNAだったのです。

菅下　DeNAではどんなことを？

倉林　当時の南場（智子）社長の鞄持ちを最初はさせていただき、そこから新規事業部に入れていただいたり、インターンのような形で、割と社長や役員の方の近くで仕事を見させていただきました。

菅下　その間は大学の勉学にも励んでいた？

倉林　4年生なので学校にはあまり行っていなかったですね。

菅下　中退せずに、卒業しようという気持ちはあった。

倉林　はい、ありました。大学4年の後期、単位が1単位残っていましたが、ほとんどはDeNAで働いていて、10月頃に内定式も終わっていました。当時、DeNAは年商約10億円で1億円ぐらい赤字があり、ベンチャーの零細企業という感じでしたが、何か凄く優秀なメンバーが集まっている印象の会社でした。

菅下　いま社長の守安（功）さんもいた。DeNAでインターンをしたのが、ベンチャー企業との出会いですね。社員はその当時、何人ぐらいでしたか。

倉林　40～50人です。インターンは週3で会社に来るのですが、僕は週6、7くらい働いていたので、一応、普通のインターンの3倍くらい高い給料をもらっていました。

菅下　夜はオフィスの鍵を締めて帰るくらい仕事をした。

倉林　出社は割と遅く、11時ぐらいでしたが、帰宅は午前3時、4時ということもありました（笑）。

菅下　それ、ほとんど創業メンバーですね、学生とはいえ。残っていれば今頃、DeNAの専務か副社長ぐらいになっていたのに（笑）。

倉林　いえいえ。

菅下　DeNAに応募したのはどうしてなのですか？

倉林　これは偶然で、経済産業省が当時「ドリームゲート」という１００人の学生を１００人のベンチャー起業家に会わせる、というような企画をその年に始めていて、その一期生に応募したら選ばれたのです。

半年ほどいたところでＤｅＮＡでモバイル事業の立ち上げが社長室の中で守安さんとＣＴＯ（最高技術責任者）の川崎（修平）さんのところで極秘に始まり、そこに３番目のメンバーとして入ることになりました。「倉林、これは重要な仕事だからやるなら内定を断ってくれ」と言われて……。

菅下　内定していたコンサル会社を断った？

倉林　はい。コンサル出身の南場さんに「何も事業をしていない人間がコンサルやっても面白くないよ」と。事業を立ち上げていろいろ経験するほうが絶対面白い、と言われ、結構、説得力があったのですね。

ならば内定を断ってモバイル事業部に入れてくださいと。

それで「モバオク」というオークションのサービスを立ち上げるために、朝４時ぐらいまで仕事をすることが３カ月くらい続きました。

菅下　それはたいへんでしたね。

倉林　３カ月で立ち上がったのですが、それが大成功しまして、そこから会社はどんどんモバイルに注力していった。事業もオークション以外に、ゲームなどへと広がりました。

菅下　朝まで仕事をするほど仕事にのめり込んだ。

倉林　事業立ち上げの面白さを非常に感じましたね。

「そして倉林君はブルガリアに旅立った」

菅下　面白いと思うのは、それなのに倉林さんは、最終的にはＤｅＮＡに就職しなかったことです。なぜですか？

倉林　そうですね。立ち上げたモバオクがわりとヒットし始めた後に、自分は、ちょうどその３カ月の間に大学のテストを受けられなくて１単位残ってしまい、留年してしまいました。

ただ、ＤｅＮＡは初めて新卒の一期生を採るタイミングだったので、学生だけど新卒扱いで雇うと言われ、一応、採用してもらったのですが、モバオクを立ち上げた後は携帯を20台くらい毎日並べて、着メロやアフィリエイトなど、他社がもうすでにやっている事業を手掛けていくことになり、自分としてはあまり新奇性がない、というか面白くなかったのです。

それと、自分はずっと運動やサッカーをやっていた人間なので、あまりネットの世界、モバイルの世界にどっぷり浸かりたくなかったこともありました。

菅下　中高ではずっとサッカー部で選手だったのですね。高校では主将経験も？

倉林　はい。僕の代は都大会に出るか出ないかくらいでしたね。僕の2個上の代が多分、一番強かった。そのときもレギュラーで出ていましたが。

菅下　体育会系だった。ほかに何か自分が本当にやりたいことがあるのではないかと探していたのでしょうね。

倉林　そうですね。南場さんのおかげで、その間にいろいろなベンチャーの経営者にお会いでき、いろいろな事業があることを分かっていたので、やはり自分で事業を立ち上げたいという気持ちでした。

菅下　しかし親とか周りの反対は大きかったでしょう。

倉林　大手コンサル会社の内定を断ってＤｅＮＡに入ったときは、給料も半分以下になりますし、親からしてみれば、何やっているんだ、みたいな、何か変な女社長に騙されているのではないか、なんてことになっていたようです（笑）。

菅下　ははは。

倉林　それでＤｅＮＡを辞めたのも、ちょうど新聞の連載で取りあげていただいた時期があって、「サラリーマンと呼ばないで」といったタイトルだったかな、学生を取りあげて、その連載の最後が「そして倉林君はＤｅＮＡを辞めてブルガリアに旅立ちました」みたいな。それを母親が読んで初めて知って、「あんた、辞めたの」（笑）。

菅下　何でブルガリアなのですか。

倉林　はい。まず、モバイルのオークション・サイトをずっとやっているうちに、ネット上で売られているリアルなものに興味が出て来たのです。売られるのはどうも、ブランド品や家電、ＰＣと決まったもので、余り面白みのない品物が多い。ものづくりを担う人間、特に若い人でものづくりに興味がある人は少ない世界ではないかと思い、このＩＴ・モバイル全盛期にせっかく新しいことをやるのであれば、逆張りで、ものづくりや物売りに自分は挑戦したいと思ったのです。

それと、どうしても自分は世界に出ていきたいという気持ちが強くて、それもなるべく日本人が行っていなさそうな、しかもリアルなもので面白そうなものがあるところに行きたいと思っていたのです。

いろいろヒアリングをしていったら、ブルガリアという国は、物価も割とヨーロッパの中では安くて、オーガニックのコスメ、自然派の化粧品で非常に面白いものがあるということを聞きました。

バラなどでも有名な国です。当時、日本でオーガニックコスメはまだ余り紹介されていなかったので、これはチャンスだと思ったわけです。

菅下　それは雑誌で見て？

倉林　いろいろな人に会ったりと、ブルガリアに伝手のある人に連絡したり。総合商社では1社だけ向こうに進出している会社があったので、そこに「東大の学生なのですが」と言って連絡したら、ＤｅＮＡを辞めたらただの東大5年生なので、コンタクトしていろいろ教えてもらいました。

２００３年にブルガリアに行き、オーガニックの化粧品を日本に輸入して販売しようとして大量に買い付けたら、見事、失敗しました。

１００万円で有限会社をつくり、向こうに2、3カ月滞在して、いろいろ契約したり探したりとかして残ったお金で50～60万円分くらい全部化粧品を買ってきたのですが、全部売れなかった。
　化粧品を販売するには許認可が必要なのですが、それを取るのにはさらに５００万円ぐらい必要だったのです。

パキスタンで世界のサッカーボールの7割も生産…

菅下　投資がすべてパーになった。普通ならここで起業を断念しますね。

倉林　そうですね。先輩で歯磨きとかを仕入れている人がいたのでそれをモバイル系のコスメのサイトなどに卸したりしていたのですが、こんなことをするために会社をつくったわけじゃない、と思っていたところ、新聞でたまたま、世界のサッカーボールの7割がパキスタンでつくられているという記事が出ていたのです。
　貧しい国だから、世界のブランド品を作るのに、子どもが働いている状況があって、それが世界中から批判されている。それをくい止めるために「フェアトレード」という仕組みがつくられて、その認可が取れた工場がパキスタンに２、３社あるという記事でした。

菅下　ナイキなどもほとんどパキスタンで作っているわけですね。

倉林　そうですね。

フェアトレードについてはけっこう、ヨーロッパに行っているとき耳にしていたのですが、コーヒーや紅茶などの栽培が多かったので、サッカーボールの製造でそんなことがあったのかということを知り、何か、ずっとサッカーをやっていて、ものづくりをやりたいと思っていたので、パキスタンは余り日本人が行かない国だし、「これだ」と、ビビッと感じまして。

菅下　ブルガリアでの失敗に懲りず、今度はパキスタンだと。世界のサッカーボールの7割をつくっていることを知って、もともとサッカー選手だから、ならばパキスタンでつくろうと、こう考えるのがすごいですが、それからまたお金を集めて単身、リュックサック一つでパキスタンに行く行動力がすごい。

パキスタンは物騒ではなかったですか。

倉林　一応気をつけていこうと。空路でラホールという街に入って。そこから車で4時間くらいのところに工場があるのです。

菅下　言葉は通じないですね。どう通訳したの？

倉林　たまたまこのときは、テレビ局の人が付いてきてくれて。『ガイアの夜明け』という番組です。

菅下　何年頃ですか。

倉林　２００３年末か２００４年頃だったと思います。

菅下　『ガイアの夜明け』で、倉林さんという学生がパキスタンに行ってサッカーボールをつくろうとしていることを映像で追いかけて放映された？

倉林　はい。

日本のサッカーボール業界はすごく寡占市場で、大手はモルテンとミカサの２社。両方、広島の会社ですが、合わせて６割５分のシェアがあります。

パキスタンにて。

それで、モルテンさんもパキスタンでつくっていますし、ベトナムでもつくっています。ミカサさんはほぼ、パキスタンでつくっています。

菅下　みんなパキスタンでつくっている。全然知らなかった。

倉林　世界全体のサッカーボールのシェアでは、モルテンさんが2割強くらい持っています。世界一の会社ですね。

菅下　サッカーボールの売上げは、全世界でどれぐらいですか。

倉林　メーカー出荷額で少なくとも500〜1000億円くらいだと思います。

菅下　では、イミオは今のところ、サッカーボールだけを売っているのですね。

倉林　年商約2億円のうち、1億円ぐらいがボールです。

菅下　残り1億円は?

倉林　ウエアやシューズ、雑貨などです。

菅下　このサッカーボールやウエアには「SFIDA」というロゴが入っていますね。

倉林　スフィーダと読みます。イタリア語で「挑戦」という意味です。

菅下　このブランドを世界ブランドにしようというのが、イミオの挑戦なわけですね。

モルテンやミカサが売っている先はどこなのですか？　ミズノとか？

倉林　モルテンさんはアディダスと契約をしているので、アディダスのものを全部つくって世界中で売っています。

ミカサさんは基本的に自社のボール、ブランドのみです。ナイキは自社でつくっていて、プーマなどもつくっていますが、そんなにシェアはないです。

菅下　そこへ入り込んでいくということですか。

倉林　モルテン、ミカサは大きな競合になります。

菅下　イミオの市場シェアは、まだ年商1億円だからたいしたことはない？

倉林　国内のサッカーボール市場は全体でも40～50億円ぐらいしかないので、1パーセントよりはもう少し大きくて、3パーセントぐらいですね。

菅下　既に3パーセント取っている。トップはどれぐらいのシェアになりますか。

倉林　モルテンで50パーセント前後です。

リュック一つでサッカーボールを売り歩く

菅下　しかし倉林さんのビジネスは、まったくゼロから生まれたものですね。コネも何もなく、リュック一つ担いでパキスタンまで行き、もう売上げ２億円の会社にした。サッカーボールを売り始めて今年（２０１２年）で何年目になりますか？

倉林　さっきの『ガイアの夜明け』で取りあげられたのは、確か２００４年12月だったと思います。そのとき、先輩に借りた１００万円で大体、サッカーボールを千球買えたので、千球仕入れまして、当時うちの祖父が持っていた六本木の雑居ビルの１室を事務所にしたのですが、もうボールが事務所の中に積み重なって、自分のスペースがないようなところで仕事をしていました。２００５年からボールを売り始めているので、今は７年目です。

菅下　７年で１００万円が２億円になったわけですね。

倉林　最初のその千球を売るのには、もう大変苦労しました。

白黒のＳＦＩＤＡと入っているだけの、何の変哲もないボールですから。ただ、フェアトレードということを売りにして、提案していこうと思って。でも、なかなか苦労しましたね。

菅下　大手の競合は既成のルートで来る。そのときこちらの売り込み、訴えはどんなところにあったのですか。

倉林　リュックサックにボールを5球くらい入れて、中学校の先生や、校長先生などに直接会ったりしていました。

「教育的にもいいですよ」とか、最初はそんなことを言ってはいたのですが。

少しずつわかってきたのは、フェアトレードのようなコンセプトは非常にいいコンセプトなのですが、ビジネスで展開していくときには、もっと品質とか、ブランディング、デザインといったものも、他社に負けないようなコンセプトでつくっていかないといけない、ということに気づいたのです。

菅下　なるほど。ところでフェアトレードはどう訳せばいいのですか。

倉林　公正な貿易、という意味ですが、当社がずっと取引している工場は、増えてはいますが、メーンの工場はずっと同じで、このフェアトレード協会というところから国際的に認定を受けた工場です。

菅下　不公正なことをしていないと。

倉林　子どもを労働させていないとか、労働者にきちんとした労働環境を与え、公正な賃金が支払われている、というようなことの監査を、定期的に受けている工場と取引をしているということです。

自分たちの国の子どもたちが蹴るサッカーボールを、パキスタンの貧しい子どもたちがつくっているという記事を新聞で読んだときにショックだったので、そこがずっと、拘りがあるところなのです。

菅下　１００万円で千球サッカーボールを輸入したところから7年目で2億円にたどり着いた。この一番の原動力は、倉林さんの、やってやろうという情熱だと思いますが、ビジネス的にはやはり、大手にはできない営業、熱心にエンドユーザーを回って開拓することにあったのだと思います。２億円の売上げを、例えば10億円にする目標は当然、持っていると思いますが、そのためには何が必要だと思いますか。

倉林　そうですね。まず商品ラインナップ。いま販売チャネルは非常に広がってきているので、商品ラインナップをもう少し、ボールから始まって、広げていきたい。商材を広げていくところと、いま一番注力しているのが、インターネット直販のサイトです。

菅下　やはりインターネットですね。

倉林　はい。現在、２億円のうちの９割は卸売りとＯＥＭ（相手先ブランドによる生産）の売り上げで直販は１割なのですが、その１割の直販の比率を、５割ぐらいに広げていきたいと思っています。

菅下　卸売りは首都圏を中心としたスポーツ用品店、ということですか？

倉林　当社の場合、商材が非常に特徴的なサッカーボールを扱っているので、スポーツ用品店だけではなくて、インテリア雑貨のお店や、子ども用品を扱っているようなお店にも卸しています。

あとは全国にフットサル・コートがありまして、その施設でもボールを所有するので、そこにも直接、営業して、大体いま日本全国で６００カ所ぐらいあるフットサル・コートのうち、２００カ所ぐらいと取り引きしております。

菅下　子どものサッカー熱は、今後ますます広がると思いますね。サッカーに人気があることに加えて、今年は女子サッカーも拡大していくと思いますが、女子はボールが違うのでしょうか？

倉林　基本的には一緒です。サイズを軽くしたりすることが練習用ではありますが、ベースは同じボールです。

菅下　今後、日本はサッカー人口が増えると思います。その中でイミオの売上げが10億円、20億円になっていくためのカギは一つはブランド力。そしてそのブランド力を後押しするデザイン。子どもたちが喜ぶデザインのサッカーボールをつくってい く。女子向けのものをつくってもいいし、そういうことで伸びていく。

しかし、飛躍的に伸びるためには、やはりインターネットを通じて、世界中にイミオのサッカーボールが売れるようになることですね。

倉林　そうですね。

いまインターネットを強化しているのは理由があって、既存のスポーツ用品の業界というのが非常に古い体質で、実際、平均年齢も非常に高いですし、商流も大手のナイキ、アディダス、プーマというメーカーがずっとあって、問屋さんという流通がメーンの流通を占めています。

小売りは小売りで、同じようにナイキ、アディダス、プーマを中心に扱う大手量販店が3社あって、そういう中でみんなが価格競争になっていたり、間に入る人が多かったりで、需要が広がっているにも関わらず、なかなかもうからない、と言われています。

それを、自分たちは新しいブランドをつくっているので、今までの卸売りだけではなく、もっと違う、フットサル・コートやインテリア・ショップなどのチャネル、自社でのEC（電子商取引）の通販を強化していくことでパキスタン、バングラデシュでの製造から消費者になるべく短い距離で直接届けることで、新しいスポーツビジネスのベースができるのではないかと考えているのです。

フットサルでは「SFIDA」ブランドが先行

菅下　ネット通販が拡大していけば、コストを安く抑えて売れますね。中間の流通コストがかからないから。

日本および世界に、イミオのサッカーボールを売れるようになると、飛躍的に売り上げが伸びると思いますね。

倉林　そうなりたいですね。あとは今、注文が増えているのが、フットサルのプレーヤーの人の間で少しずつ、われわれのブランドが認知してもらえていて、ボールだけではなくユニホームはないかとか、たくさん問い合わせをいただいていますので、そういう部分を強化しています。

イミオの製品を背景に

ユニホームはチームでオーダーしてつくるので、１人の決裁者から50人、１００人の単位で注文をいただけるので非常に単価が大きいのです。ジャージからアウターまで、全部そろえると1チームで4、５００万円ぐらい年間予算があるところもあります。そういうチームへ、ボールなど小さいところから入っていってきちんとコーディネートを提案させていただこうと考えています。

菅下　ネットはこれにどう関係してくるのですか？

倉林　それらをネットを使ってチーム登録をして見てもらうとか、そういったことを今、積極的にやっています。そこまでできているメーカーはまだ日本にはないと思うのでチャンスだなと。

菅下　年商1億円のサッカーボールは全て国内マーケットで販売されているのですね。

倉林　今はそうです。

菅下　例えば近い将来、ブラジルでワールドサッカーもありますし、中南米などにイミオのボールを輸出する可能性もある？

倉林　ありますね。

菅下　日本製品に対しては、世界中で評価が高いでしょう。

倉林　そうですね。特にアジアのマーケットが非常にサッカー熱が伸びていまして、日本人のサッカー選手も、本当にインドとかインドネシアとか、もちろん中国、韓国、タイなどでも活躍していますし、そういったところは将来、有望なマーケットになるのではないかと思っています。

菅下　既存の流通秩序と違うことを目指すという戦略ですが、やはりここはネットを活用することが中心になっていくのでしょうか。

倉林　われわれは卸に関しては、あまりスポーツショップ向けには力を入れていないのです。どちらかというと、ネットを活用した小売りです。

菅下　卸ではなく小売ですね。ボールもネットでの小売りを行っているのですね。

倉林　はい。一応、表参道に1店舗、直営店がありまして、そこと、インターネットでの直販が、いま売上げの1割ぐらいになっています。

菅下　今後それが増えるということですね。

倉林　そうですね。

菅下　消費者が直接イミオのホームページから買うようになって、それが増えたら大きなビジネスになる。そのためのブランド力をどう高めていくかですね。

倉林　ブランドはわれわれは特にフットサルの分野では浸透してきていると思っています。フットサルというのは5人制で、いま競技人口が240万人いると言われています。いまは男性がほとんどですが、女性も少しずつ伸びてきています。大手のメーカー、ナイキ、アディダス、プーマなどではまだまだ、サッカー人口が600万人ぐらいいるのでサッカーにフォーカスしていますから、われわれはフットサルに力を入れていこうと考えています。

菅下　フットサルのボールはサッカーボールよりも小さいのですか？

倉林　若干サッカーボールより小さいです。

菅下　イミオが今から売上げ10億円になるのは何年後ぐらいの目標？　あるいは売上げ100億円になるのには？　どんな将来像を描いていますか？

倉林　そうですね。うちの会社は、将来のナイキ、アディダスを目指す、と言っているのです。ナイキさんがいま、世界中で2兆円売上げがあり、私たちの1万倍ですが、40年かければ追いつく、と思っています。

ただ、追いつき超えるといっても、売り上げだけがすべてではないと思っています。まず身近な目標としては、5年後に20億円を目標にしています。

菅下　そのときの利益は4億円くらいですか。

倉林　もう少し出せると思います。

菅下　5年後に20億円を達成する。

倉林　はい。これは既存の卸売りで着実に商品ラインナップを増やして売っていくことと、インターネットでの小売りの比率を飛躍的に伸ばしていきたいと思っています。

菅下　起業してからはやはりコンサル会社に入っていたほうがよかったなと思うことも多々あったのではないかと思いますが、いまの学生に対してメッセージは？

倉林　あまり後悔しないタイプなので、あっちがよかったなとは思わないのですが、ただ起業して本当に苦しい思い、ほかでできない経験をいっぱいさせてもらったので、自分にとって非常に成長できたというか。

菅下　それを乗り越えることによってですね。

倉林　はい。本当にいろいろ不測のこと、お金にまつわるトラブルも出て来ますので、そういったことを7年間経験できたことは非常にありがたいですし、だからなかなか人に起業しろよと気軽には言えないと思っていまして。特に優秀な人であれば、是非チャレンジして自分を高めてほしいとは思います。

好きな仕事なら厳しくてもやっていける

菅下　この道を選んでよかったと思うことは何ですか。

倉林　よかったと思うことは、本当にいっぱいありまして、まずは自分の看板で仕事ができるので、出会う方、出会う方、個人として、会社として、いろいろな人との出会いが広がることですね。

菅下　倉林啓士郎を売り出せる？

倉林　はい。自分の会いたい方には、比較的会いやすい立場ですし。

倉林　それは勤め人ではそうはいかないですね。ただそのとき「倉林って誰？」と言われるでしょう。それに対してどう自分を説明しますか。

倉林　サッカーボール屋です、と言っています。将来、ナイキ、アディダスを超えます、というふうに言っています。

菅下　（笑）。相手の反応は。

倉林　いや、面白いねと（笑）。どうやって超えるのかと言われます。

菅下　そういうメッセージがやはり必要ですね。僕はこういう人がもっと、１００人、１０００人と、日本に出てこないと駄目だと思う。誰の力も借りずに、自分でチャレンジした。これが大事なことです。

一方で、今は有名大学を出ていてもなかなか自分の行きたい会社に入れない人が増えている現状です。この人たちにアドバイスあるとすれば、何ですか。

倉林　本当に今は大きい震災が起きたり、国際的にも欧州が不安定になったり、大きな動きが出て来ていると思います。インターネットの普及も影響していると思いますが、非常に世の中の動きが速くなっているので、いま現状でこの会社の人気があるから、というような価値観で動いてしまうと、例えば公務員になりたいという人が多いと聞きますが公務員が安泰だからと考えて行動すると本当に2年後、3年後に全く違う価値観が生まれているようなことが起きると思います。

やはり周りの価値観ではなくて、自分が信じられる価値観、というか自分の好きなこと、個性といったものをベースに、人生設計をした人のほうが勝ち組になりやすいのではないかと思います。例えば、起業したとしても、いろいろ苦しいことがあったとしても、自分の価値観でやっている人のほうが、タフで強いと感じます。

菅下　そうですね。今どうしても、先の見えない時代なので、優秀な学生は公務員になりたがって、地位が安定しているところへ行こうとします。でも3年後、公務員が本当に安定しているかどうか分からない。いまの世情や既存の価値観にとらわれないで、本当に自分がやりたいことを、やはり何か自分の目指すところを一生懸命考えていくほうがいい。倉林さんもすごく一生懸命考えたと思うのです。最初にパキスタンにたどり着くまでは。
そういうことを考えもせず、前例に従ったり世の中の風潮に従って、やっぱり手堅く何々銀行に入ったほうが一生、保証はされます。でも行ってみたら、銀行の現場はたいへん厳しかった、ということになりがちなのです。
でも好きなことなら、好きなことにまつわる関連する仕事がやりたい、ということでその仕事を続けているのであれば、厳しくても我慢できる、ということではないのでしょうか。

倉林 そうですね。

菅下 ところで大学の仲間がいますよね。こういう人たち、例えば丸の内、大手町の大企業に勤めている人たちと、ときどき会っていますか。

倉林 はい。よく会います。

菅下 そのとき、話は盛り上がりますか。

倉林 そうですね。何か、僕の話は盛り上がるのですけど。

菅下 仲間の人たちは倉林さんの話を聞きたいという人が多いと思うんですよね、多分。問題は、彼ら自身は自分の仕事を面白いと思っているかどうかです。つらいと思っている人が多いのではないのでしょうか。

倉林　仕事は、まあ、あまり面白くないという人も多いのではないかと思いますね。

菅下　これはなぜだと思いますか？　大企業に勤めていて面白くないと思う人がいるのは。

倉林　あまり昔ほど、自分の向上心を満たすような仕事が、今は少ないのではないかと思うのです。

　ただその中でも、やっぱりニューヨークに転勤させてもらったりとか、例えばＭＢＡを取りにいかせてもらったりとか、そういう人は、やはり会社のおかげでいろいろな経験をできるので、そこは刺激があってやり甲斐があると思います。そういったもの、好奇心や向上心を満たしてくれる刺激が大企業の中にもあれば、生き生きとやっていけるのではないかと思います。

理想と利益が合わさることで、より力が生まれる

菅下　倉林さんの座右の銘は？

倉林　「力愛不二」という言葉がありまして、力と愛が二つにあらず、という意味です。これは少林寺拳法の創始者の宗道臣という人の言葉なのです。パワーとラブが二つになったとき、合わさったときに初めて力が発揮されるという意味です。

菅下　今の学生や若い人には愛がある。優しいし、東日本大震災ではボランティアにも熱心です。でも力がないということを倉林さんは言っていますね。

倉林　はい。自分が解釈するところでは、起業して仕事をしていくに当たって、力である会社の売上げや利益はもちろん大事ですが、愛である企業理念やブランド・コンセプトを両輪として大きくしていく会社にしていきたい、という意味です。

菅下　経営理念は何か掲げていますか？

倉林　「商品に意味を」。これは社名の由来にもなっています。「意味のある商品を」ということです。

菅下　それでイミオですか。シンプルでいいですね。最初から英語にしようという発想はなかったのですね。

倉林　実は、有限会社として最初に会社をつくったときは、「グローバル・トレーディング」という、グローバルに貿易するという単純な社名を付けたのです。少し長いし、投資会社のようだと言われまして、株式会社にするタイミングで社名を変えました。

菅下　社名はご自分で考えられたのですか。

倉林　はい。

菅下　ところで東大時代の仲間で起業している人はいますか？

倉林　同期では少ないですね。上の世代の人のほうが、少し多かったかもしれないと思います。自分の周りでも会社をつくった人はいることはいるのですが、もう会社がなくなってしまっていたりします。

菅下　いま若者に元気がないとよく言われるのですが、海外に行きたがらないとか。そう言われることについてはどう思いますか？

倉林　自分の周りのベンチャーの人は、特に海外志向が非常に強い人が多いですね。ベンチャーの人はやはり外に出ていくことはあまり恐れていない。チャンスと見れば今はアジアに出て行っていますね。

菅下　ベンチャー起業家はみんな、グローバル志向がすごく強いですね。今はアジア志向。でももっと若い学生などの世代では、留学にも行きたがらない人が増えている。草食系といわれる人も含めて。これについてはどう思われますか。

倉林　当社にインターン生として来ている若い世代では確かに、非常にそういう人が多くなっていると思います。多分、ネットで何でも情報が入ってきてしまうので、情報過多になっていって、わりと行動が受動的になりやすいということがあるのかも知れません。

菅下　ニューヨークに行かなくても、ネットで見れば分かってしまう。

倉林　そうですね。行動様式がまず調べてから、というかたちになっています。いまの大学生を見ていると、確かに草食系と言えているな、と思えるようなところがあって、そういう人たちには、言われているような、車を買ったり、高級品を買うようなことには余りモチベーションがなくて、逆に社会貢献や文化的なことには関心が高い。それは豊かになったからだと思うのですけれど。

菅下　だからボランティアにはたくさんの若い人が行っていますね。

倉林　何かそういうことと、利益が生まれるような事業が両輪になると、非常にいいものになるのではないかと思っているのです。

菅下　倉林さんが言われたように、確かに、若い人たちが生まれて育ったところは一軒家やマンションで、両親が豊かな生活をしている世代ですね。これではハングリー精神は出てこないですね。

倉林　例えば、バブル期に生活水準がよくなっていったり、上昇気流に乗っているような雰囲気に触れたことがない世代、多分覚えてないくらいの小さいときにそれはあったと思いますが、特に僕より下の世代になると親の生活水準は変わらないし逆に下がっているような環境を見てきているので「あまり一生懸命にやっても…」という雰囲気になっているのではないかと思います。

菅下　いわば、努力しても報われない時代ですね。昔は努力したら給料は上がったのに。

倉林　いい成功モデルになるような人が少ないというか、例えば堀江（貴文・ライブドア元社長）さんのような人が本当は成功していて楽しいことをいっぱいやっていたら、それを目指そうという人も後に続いたのだろうけれど、それがつぶされてしまったので非常に残念ですね。

菅下　確かに今は、日本はベンチャー起業家が出にくい時代かもしれませんね。倉林さんが尊敬する人は誰なのか教えて下さい。

倉林　そうですね、やはり（ＤｅＮＡ創業者の）南場（智子）さんは身近な人として尊敬しています。

南場さんは社員にも慕われる人ですが、利益に対しては非常に厳しくて、会社も苦労をしながら大きくして、ここまでの結果を出してきましたね。去年（２０１１年）引退したときも、非常にポジティブな退き方だったと思います。ＤｅＮＡはグリーから訴えられたり、業界の中には敵がいることはいるのでしょうけれど、あまりそういう敵をつくりづらいキャラクターの人なのではないかと思います。

菅下　実際の起業家の名前が出たついでだから、ほかの有名な起業家についても聞いてみたいと思います。まず、ソフトバンクの孫正義さん、それにユニクロの柳井（正・ファーストリテイリング社長）さんについては、どう見ていますか？

倉林　いやあ、孫さんや柳井さんぐらいの方になると、ちょっとわれわれの世代から見ると、もう、既得権益の世界のほうに行っている、というふうに感じますね。まあいろいろなことにチャレンジをされているので、それはすごいなとは思います。柳井さんも、下降路線のアパレル業界で１人奮闘されて、元気を与えてくれていると思います。ただ、非常に資本主義の論理でやられているので、アパレル業界の中には「夢がなくなった」とか「つくりたい気がなくなった」と言う人もいるのではないかと思います。

菅下　そうすると松下幸之助（パナソニック創業者）や本田宗一郎（本田技研工業創業者）になると、全く遠い存在になっている、ということになりますね。

倉林　そうですね。ただ、松下幸之助の経営の本などは非常に参考になるので読ませていただいています。

菅下　例えばどういう点が参考になりましたか。

倉林　やはり、昔の起業家、本田さんも、松下さんも、稲盛（和夫・京セラ名誉会長）さんも、事業がしっかりしているというだけではなくて、非常に事業を通じて社会に貢献していくという本質があるのだと思います。

そういう生き様のようなものがそのまま、事業の軸になっているから、社会に貢献していく本質がぶれない。その結果、世の中に出て来る商品も、非常に受け入れやすい商品になるのではないかと思います。

浜田寿人・カフェグルーヴ社長

【プロフィール】

はまだ・ひさと

１９７７生まれ。米国留学中にインターネットビジネスを学内開発。帰国後、映画情報サービス「シネマカフェ」を創刊。20歳でソニーの本社直轄プロジェクトの初のソフトウェア経験者採用の最年少として入社するも、２年で退社。２０００年6月カフェグルーヴを設立、社長に就任。

米国アラバマ州の高校～大学時代にインターネットの洗礼

菅下　浜田さんがどんなお仕事をされているのかと、ちょっとホームページを覗いたのですが、見た限り、いろいろ多岐にわたっているという印象を受けました。メーンの仕事はどんなことをされているのですか。

浜田　そうですね、その前に当社の設立に至るところからお話しするのが分かりやすいかなと思うので、そうします。

まず、僕自身のことについてですが、これまでにだいたい、海外で合計15年間ぐらいを過ごしてきました。それは父親が上智大学経済学部の教授をやっていた関係からなのです。

菅下　経済学部の教授なのに海外生活？

浜田　はい。専門が発展途上国の経済発展論がメーンでしたので、いわゆる発展途上国をずっと回っていたのです。

僕が高校時代に日本に戻ってきてから、再び米国アラバマ州の高校に留学することになり、そこで大学まで過ごすことになりました。

菅下　それはいい環境でしたね。高校・大学をそういうところで過ごしたというのは。大学はアラバマ州立大学ですか？

浜田　はい。その大学はハンツビルという町にありまして、ＮＡＳＡの第2の基地がありました。１９９７年頃のことです。

今では当たり前のことですが、大学の寮に住んでいて驚いたのが、その寮に光ファイバーが引かれていたことです。この大学はTech Schoolとしても非常に有名なスクールだったからです。僕は95～96年頃にはインターネットに出会っていまして、それで「これはすごいな」ということで、勉強そっちのけでインターネットにはまっていました（笑）。

菅下　米国ではもうインターネットが発達していた。これはすごいということに気が付いたのですね。

浜田　はい。当時はまだほとんどの方がeメールも持っていない時代ですね。「これは世界を変える技術だ」と思いました。それで、学校で学内ベンチャーのようなものをつくり、ＩＴ会社の経営のようなことをしていました。

菅下　もうそのときから起業を。学生起業家ですね。

浜田　そうですね。未熟ですけれど。それからニューヨークのホテル会社でインターンシップをしてから日本に帰ってきました。その留学中の97年に立ち上げたのが「シネマカフェ」という映画メディアです。

菅下　シネマカフェというのがサービスの名称ですね。

浜田　はい。今ではシネマカフェは国内最大のインターネット映画メディアになっています。当時はネットの映画メディアがなかった時代で、最初はメールマガジンから始めました。

菅下　シネマカフェというからにはリアル店舗もあるのですか？

浜田　リアルな店舗はないです。インターネット上のメディアです。

菅下　そこへ行くと、いろいろな映画の情報が見られる、というものですね。

浜田　そうですね。国内では最大の映画メディアで、そのことが98年にソニーの目にとまりまして、20歳のときにソニーの本社採用としては最年少スタッフとして入社することになりました。

菅下　ソニーに入った。

浜田　はい。ソニーで2年ほど過ごしました。

菅下　それはシネマカフェを続けながら?

浜田　そうです。いわゆる嘱託採用、ソフトウエアのプロフェッショナル採用という枠が当時あって、本社採用です。

菅下　それは日本の雇用形態から見ると珍しかったですね。

浜田　初めてだったようです。

菅下　それだけソニーは浜田さんのやっていることに興味を持ったわけですね。そのときのソニーのトップは出井（伸之・元社長・元会長）さん?

浜田　はい。ただ出井さんとは当時、社内の廊下ですれ違ったことぐらいしか経験がありませんでした。今では出井さんとは時折弊社のレストランにて会食をさせて頂くご縁となっています。古巣の大ボスに応援して頂いていることは、とてもありがたいことですね。

月間1000万人が覗きに来る「シネマカフェ」

菅下　シネマカフェはどれぐらいの人が見ているのですか?

浜田　アクセスは月間１０００万ちょっとぐらいではないかと思います。

菅下　それで国内最大だということですね。

浜田　はい。ここでは劇場のチケットも販売しています。
今では当たり前になりましたが、モバイルでシートを予約できるシステムを最初につくったのもわれわれなのです。

菅下　シネマカフェは見て、楽しんで、見ている人が「この映画、見たい」といったら、ネットを通じてチケットを買うことができる、ということですね。若いときにアメリカでインターネットに触れた経験が浜田さんの原点にある。

浜田　はい。もともとＩＴとエンターテインメント、ＩＴとメディアをどうやってつなげるか、という欲求が原点にあったのです。
結局、ソニーを2年ぐらいで辞めてしまった理由も、その欲求が満たされなかったからですね。ソニー自体、やはり外見ではわからないですけれど、結構、保守的な会社だったこともあります。今でも仕事のお手伝いをしているのですけれど。

菅下　中に入るのと、外から見るのとでは全く違う。

浜田　ええ。ただ、私は海外に出て大学も卒業せずに途中で戻ってきたので、そういう人間でもソニーは採用してくれるということで、ひとつは日本でちゃんとしたレッテルも欲しい、ということが自分の中にあったのも事実です。
当時、ソニーといえば、なかなか入ることが難しい会社ですからね。
それとアメリカでは当たり前のことですが、両親から子供が独立することを非常に早い時期から行わせます。その影響があって、経済的に独立したいという思いが強かったのです。それでまず、大企業に入りたかった。だからソニーでは非常にいい経験をさせてもらいました。

菅下　浜田さんが保守的だと感じたのはどういう点ですか？

浜田　要は、声高に言ってもなかなか、ものごとが動かない。「ものごとにはルールがあるのだ」と上から言われる。何か日本の高校に戻されたような錯覚に陥ります(笑)。

菅下　2年の経験で日本の大企業というものがある程度分かった。

浜田　ある程度分かったなんて、そんな、とんでもありません。当時はもう、僕にとってはせいいっぱいでした。
当時は非常にいい給料をもらっていまして、それは通常の給与水準と違ったテーブルに乗せてもらっていたのです。20歳のときに3年間契約で3年経ったら正社員になるという契約でした。ただし、正社員になると給与がすごく落ちるのです。

会社を辞めるという話をしたら、諸先輩方の1人から「このポジションなら10年間は絶対安泰だぞ」と忠告されました。ということは32、33歳のとき逆に安泰ではなくなる。

そうなったとき、自分は何を得られるのか。あまり得られるものがない、と当時は思ったのです。

もともと個人事業でシネマカフェをやっていましたし。ちなみに株式会社カフェグルーヴは2006年6月に立ち上げました。ソニーを辞めたのは2000年10月ですから、そこからの活動は100%カフェグルーヴです。

菅下　ソニーを辞めてカフェグルーヴに注力することになった。

浜田　はい。その前に、ソニーの話をもう一つだけ加えさせて下さい。ソニーは素晴らしい会社だということを伝えておきたいのです。

ソニーを辞めたあとも1年間、ソニーは給料を払ってくれたのです。コンサル契約をしていただいて。おそらく、それがなかったら、起業は大変だったと思います。

菅下　独立したてで、まだ収入がないときに、大きな支えになったということですね。

浜田　はい。今でもその部長さんには感謝をしています。

菅下　浜田さんのような処遇の人はほかにもいたのですか？

浜田　いなかったと思います。

菅下　それだけ将来を嘱望されていたのですね。2000年の会社起業から現在に至るまでの約10年で、浜田さんはどんなビジネスを展開し、将来にどんな夢や展望を描いているのですか。

浜田　夢は大きいです。シネマカフェを世界で一番有名なインターネットの映画サイトにする、という夢を持ってソニーを辞めたのです。

ところが、2000年頃は、会社のオフィスにコンピューターが1台もない、あっても1台をみんなで共有しているような時代です。そういう時代に、例えば東宝に行って「インターネットで広告を出して下さい」などと言っても、全くちんぷんかんぷんなわけです。

ですから、シネマカフェは97年にサイトを始めたときから、実は何年間もずっと赤字が続いていたのです。

では当初は何が支えになったのか、と言うと、映画作品のホームページ制作です。今では当たり前にありますが、当時、日本には全くなかったものです。映画の告知媒体をチラシではなく、予告編もホームページで流せる時代になりました、ということで、その事業を最初に始めて、それが収入源になりました。

それと、当時はＩＴの時代だと言っても、どうやってＩＴを事業にするのか分からない方が多かったので、例えば総合商社の方などに対して、そういうコンサルを、1人で稼げる仕事として3年ぐらい続けました。

菅下　ずっと1人で仕事をしていたのですか？

浜田　いいえ、シネマカフェは最初から4人体制でした。1年目で7人に増えました。

当初はネット制作の黒衣役で、欲求不満が…

菅下　いまカフェグルーヴのグループ社員は何人ですか。

浜田　今は45人ぐらいです。

菅下　大半は東京ですね。

浜田　本社が東京で、支社は福岡・博多にもあります。

菅下　どうして博多に？

浜田　はい。私の父は京都の人間なのですが、その父親である祖父が九州・鹿児島の人間でして。もとは、青木という姓で、青木昆陽の末裔なのです。

菅下　サツマイモを奨励した…。

浜田　はいそうです、甘藷先生です（笑）。祖父のお兄さんは青木英五郎という著名な法曹家で、八海事件や佐山事件などの著名なえん罪事件で弁護側に立った人です。

祖父はエンジニアで、昔の富士重工の前身・中島飛行機で「隼」の設計士だった人です。

父方はそういうアカデミックな家系で、母方が商売系でした。

菅下　お母さんの姓が浜田なのですね。

浜田　そうなんです。青木家がちょっと大変なときがあって、浜田家に養子になったのですね。それが京都です。

父方が九州で、うちの役員は私以外ほとんど九州なのです。会社のスタッフも気付けば4割ぐらい九州出身なのです。

菅下　それで博多に支社がある。

浜田　カフェグルーヴは今、ホールディングになっていまして、そのひとつのインターネットコマース、ネット通販の事業会社の本社はシンガポールに置いています。いま僕のリソースの90%ぐらいは、そのVIVA JAPANというシンガポールがベースの会社です。

菅下　ホールディングの本社はどこに置いているのですか。

浜田　東京です。ホールディングの下に子会社が4社あります。

菅下　それぞれどんな事業をやっているのですか。

浜田　1つはワインと葉巻の流通。あとは飲食の会社。それにVIVA JAPANと、最後がコンサル会社です。

菅下　シネマカフェはどこに入るのですか。

浜田　シネマカフェは映画事業部で、まだ会社にはしていません。

ホールディングは事業会社としての位置づけもまだありまして、そこの事業部です。

菅下　それぞれどんな事業を行っているのか、ざっくり説明して下さい。

浜田　先ほどの続きになりますが、映画の事業からスタートして、最初はホームページの制作ぐらいしか儲からなかった。２００４、５年まではそれが収益のほぼ大半でした。ところが制作の仕事はある程度経験すると、スタッフが独立したがるようになり、実際、独立しやすい。僕も独立した身なので「独立した方がいいのじゃないか」なんてアドヴァイスしてみたり。寂しいですけれど。

それと制作の仕事は黒子なので、われわれの名前が表に出ることは一切ない。それに対してシネマカフェやメディアは、必ず前面に名前が出ます。だから、やはり「裏方でなく、表に立たないと会社をやっている意味がない」という思いがあって……。

菅下　欲求不満が溜まっていったのですね。いい人材も集まりにくいですし。

浜田　そうですね。それで、そういう受託系の仕事を当時、結構なボリュームでやっていたのですけれど、それを一気に減らして、表舞台、フロント業務、われわれの名前が出るもの、それがすなわちメディアですが、それをやっていこうと決めました。そのときは大変でしたけど、やはり理想を高く、現実は懐寂しく、みたいなところで（笑）。

菅下　現実に収入は減ったのですか。

浜田　ガクっと減りました。やはり方向転換をした影響です。

そのときには、映画監督の知り合いがたくさんできていまして、その方たちがいらっしゃるときに、なかなか落ち着いて一緒に食べることができる食事処がなかったのです。

菅下　それでカフェを始めた？

浜田　そうですね。カフェと付いているのですけれど、レストランなんです。

会員制のフレンチ・レストランで、都内のベスト・レストランにも選ばれました。

非常においしいので是非、食べに来てみてください。

菅下　お店の名前は？

浜田　「copon norp（コポン・ノープ）」といいます。

菅下　コポンノープ？　覚えにくいですねえ（笑）。

浜田　ハハハ……これは「ノー・ポップコーン」のアナグラムなんです。

映画館にはつきもののポップコーンですが、僕らは「ワインと素晴らしいお食事は出すけれど、ポップコーンと〝砂糖水〟は出しません」というコンセプトです。

菅下　何店舗あるのですか。

浜田　いまは表参道に1店舗です。このほかに代々木公園に会員制のバーが1店、あとシンガポールにも1店舗あります。

菅下　この会員制レストランを映画関係者に使ってもらおうと?

浜田　そうですね。よく聞かれるのが「何でインターネットメディアをやっていて、次に飲食なのですか?」ということなのですが、僕の中では「あまり両者は変わらない」というか、「飲食もメディアだ」と思っているのです。

メディアのコンセプトには3つ要素があると考えていまして、1つはソフト、次に空間、あとはコミュニティです。この3つをきちんとミートアップできれば、いいメディアになりうると思っているのです。

飲食を始めたことはたいへん大きなターニングポイントでした。飲食は最終消費者から直接お金をいただく非常に原始的なビジネスですね。それにまず、お客さんに来てもらわないといけません。これはインターネットにとてもよく似ています。

菅下　飲食業は競争が激しくて薄利多売で儲けにくいというイメージがあります。ほかと違ったサービスや価格を提供しないと成功が難しいと思いますが、どう工夫しているのですか。

浜田　われわれは飲食もメディアとして考えているのです。何て言うのか、恐らく世界でこのレストランは唯一ここにしかない、という状態。ブランディングとして copon norp は世界でここだけ、というレストランをつくっています。

それと、飲食を始めるとハードルがどんどん上がってしまいます。いいシェフを雇って、キッチンはこういう設備で、と重厚長大になっていく。では、本当にお客さんが来るのか、という議論になります。

先ほど言ったように、われわれシネマカフ

copon norp 店内

ェを7年間赤字でやってきました。そのとき何をやったかというと、ローコスト・オペレーションです。シネマカフェは当初、とても1人、2人でつくっているメディアとは思えない、という見せ方をしていました。それと全く同じことをしました。

今でもcopon norpはキッチンにはシェフ1名、アシスタント1名の合計2名です。フロアが今はちょっと増やして3名です。これで200人以上のパーティーも回しています。そういうレストランは世界中探してもほかにはないと思います。

あとは、例えばワインと葉巻の輸入会社をわれわれは持っているので、それでいいワインを相当、安く仕入れることができるのです。葉巻もルート次第で相当ディスカウントすることができます。要は、キューバに行って、カストロ（元首相）に会ってきたか、会っていないかの違いなのです。

菅下　カストロに会ってきた？

浜田　はい。当時、カストロは病気だったので、カストロのお兄さんに会ってきました。それで直談判してきたのです。

菅下　ほお、直談判でいいものを直接に、ですね。いつごろの話？

浜田　5、6年前だったと思います。

菅下　ワインはどこ産ですか。
浜田　全世界ですが、特にオーストラリア、ニュージーランド、カリフォルニアなどです。シャンパンはフランスです。

今後の10年を支えるシンガポールでのネット通販

菅下　なるほど。では、4つの事業で今、カフェグルーヴの収益を支えているところはどこですか。それと将来、期待しているビジネスは？
浜田　お陰さまで、今はどの事業もバランスがとれた状態でして、今後もすべての事業で適正利益を出していこうと考えています。ただ、シンガポールにつくったばかりのVIVA JAPANはまだ軌道に乗っていませんが、今後の10年を支えていくのは間違いなくここだと考えています。
僕らは過去10年間、何をやってきたかというと、世界の文化を日本に持ってくることでした。それを日本に伝えて「日本人をかっこよくさせる」ことだったと思います。ではこれからの10年をどうするか。

VIVA JAPAN は日本の Made in Japan プロダクト、クオリティ・プロダクトを世界、特にアジアに伝えていくミッションを持っています。だから今までの逆をやるわけです。日本のかっこいいものを世界に伝えて「世界の人たちをかっこよくさせる」です。

菅下 それは、eコマースで、ということになるのですね。

浜田 eコマースです。

菅下 そのホームページを見ると、日本のかっこいい商品がいろいろ紹介されている。

浜田 そうです。ここは一番、成長率が高いところです。

菅下 VIVA JAPAN のホームページを見て注文する人が来たら、品物を届けて決済しているのですか。

浜田 はい。

菅下 そのITの部分は誰がやっているのですか。

浜田 われわれです。実は VIVA JAPAN は3者の合弁で、カフェグルーヴと、この間MBO（マネジメント・バイ・アウト）をして非上場化したワークスアプリケーションズという会社の牧野正幸さんという人と、あとはフィリピンの物流商社でTDGという会社が出資しています。

菅下 牧野さんはよく知っていますよ。

浜田 そうなんですか。

菅下 このあとお会いしますよ（笑）。

浜田 どうぞよろしくお伝えください。

菅下 未来産業型でこれから一番期待されるのがVIVA JAPANということですね。

浜田 そうですね。いまITの分野ではゲームが一番、飛ぶ鳥落とす勢いで伸びていますが、恐らく、ゲームがマジョリティである流れはいずれ終わると思います。やはり、飲食はリーマン・ショックの後も強かったし、3・11の後もわれわれのところは1カ月以内に回復しているのです。そこで何を学んだかというと、いいお客さんに来ていただいていて、その対価としてお金を頂けている。いいお客さんが付いているビジネスは非常に強い、ということです。

菅下 食べることは絶対、必要なことですからね。これは安定している。

浜田　はい。逆に弱いのは消費者の顔が見えないもの。例えば、広告などです。こういうものは不安になればなるほど絞られていく。どうしてなのか、理由が分からないのですが。

菅下　気分で縮小するわけですね。将来に対する不安。

浜田　メンタルで左右されるものだから、使った力量に対して正当に評価されない。受託の事業と似ているところがあります。私の経営哲学としては、使った力量はきちんと評価されたい、ということがあるのです。

要は、エネルギー保存の法則ではないですけれど、ロスもないのに、使ったエネルギーをきちんと評価されないと、経営として積み重ねていくことができないではないですか。

インターネット通販の何が面白いかというと、エネルギーを使えば使うほど、お客さんに伝わることです。それは飲食の事業に似ています。

菅下　面白いと思うのは、リーマン・ショック以降、世界経済、日本もそうですが、縮小していますが、その中でも、飲食は強かった、ということ。ということは、やっぱり消費者に直結しているビジネスは強いということなんですね。

しかも、クオリティのいいところを対象にしたサービスや商品で成功すれば、世界経済がどうなっても結構、儲かる、ということだと思います。

浜田　そうですね。あとは、今までのＩＴの10年間というのは、たぶん、Google（グーグル）に代表されるように、アルゴリズムが作り出す世界だったのだと思います。それまではアクセスできなかった問題に対して、機械が回答を出していく、数学で何でもやってくれる、という世界。金融もそうだったと思います。ところがこれからは、Facebook（フェイスブック）もそうですけれど、人が媒介する。われわれの商品もそうですけれど、機械仕掛けではなくて、人が紹介していくのですね。

最近オープンしたのですけれど、ハワイ在住の本田直之さんという、『レバレッジシリーズ』という２００万部出ている本を書いている作家がいて、彼はずっとハワイに住んでいて、彼が選んだハワイのプロダクトを出す店があるのです。そこにはもう全く、システムが入っていないのです。

重要なのはシステムではなく、人に属している情報。例えば、レストランなら、信頼できるグルメの人の情報。僕らはそういう人を「フーディ」と呼んでいますが、そのフーディが必ず行くステーキ屋さんなら「絶対に行ってみたい」となるわけです。

菅下　過去10年、ネットでたいへんな情報が集まったのだけれども、消費者はその膨大な情報の中から自分で苦労して選ばなくてはいけなかった。だけど、これからの10年は各分野で非常に能力があったり、評判の高い人が「ここはいいよ」とか、「この本読んでみたら」ということになる。新しいビジネスが出てくる可能性が高い。

浜田　そうですね。マニュアルにまた戻っていくでしょう。これは景気循環、トレンド循環と同じで、95年頃にまた戻る感じです。だからＩＴは常に進化していると、ＩＴを知らない人は言いますが、実はそうではなくて、もうリサイクルされている。

菅下　ハワイの本田さんのように、商売を促進してくれる、紹介してくれる人、トランプでいうと一種のエースのようなカードですが、こういう人たちのことを何て呼ぶのですか。すごく発信力がある人ですね。その情報で世界中からお客さんが集まってくる。

浜田　curator（キュレーター）と呼んでいますね。

菅下　これがビジネスのキーワードになってきますね。ヒューマンとか人の要素が入ってくる。

浜田　もう僕らのビジネスは１００％「人」ですね。機械仕掛けで人がいるようなふりはできません。

100人の「アンバサダー」が1万人を集客する

菅下　いい人が集まってくるビジネスは必ず成功する。しかし、いい人を集めるにはどうしたらいいか。そのキーになる人物をどううまく活用していくかですね。

浜田　はい。面白いのは、例えば、2011年12月にわれわれのレストランはこの6年の中で最高益を出しています。3・11の後で冷え込んでいる中での最高益です。われわれは今、カフェカンパニーの楠本社長らと一緒に、経済産業省の「クール・ジャパン」推進戦略で、食の分野を担当しています。カフェカンパニーさんと一緒にシンガポールの「ION ORCHARD」56階に「VIVA JAPAN CAFE」という日本のプロダクトを紹介するカフェ、あとは食を紹介するカフェをつくったのです。それをどう広めるかというと、われわれ100人のAmbassador（アンバサダー）を置いています。

菅下　これがcuratorとなる人たちですね。

浜田　そうですね。これはちょっと本当は秘密なのですが、hundred Ambassadorsといって、「100amb.com」というサイトに行くと分かるのですが、この１００人の中にはシンガポールに住まわれている財界の人や有名なレストランのオーナー、お医者さんなど、いろいろな方が入っています。

その１００人を僕らがセレクトして、アンバサダーになっていただいているのです。そうすると何が起こるかというと、この人が１人で１００人のお客様を連れてきてくれるのです。すると1万人になります。

菅下　昔は例えば1万人をどう集客しようか、という発想だった。今はこの１００人を探してくることが大事になっている。

浜田　そうです。ここのオープンのときもそうなのですが、最初は１００人から始めたのです。僕の友達です。それが今や、年間1万5千人のお客さんを連れてきてくれます。

菅下　１００掛ける１００にさらに掛ける１００になる可能性だってある。そうしたら１００万人ですね。

浜田　だからゆっくり伸ばしていく。それも、いい人たちがいい人を連れてくる。

菅下　このアンバサダー・ビジネスの将来性も含めて、ざっくり10年後、２０２０年に、カフェグルーヴはどうなっているか？　例えば売り上げ目標は？

浜田　はい。３年で50億円を目標にしています。VIVA JAPANはMade in Japanを外に出していくときのデファクト・スタンダードになっていきたいと思います。Made in Japanを買うのだったらVIVA JAPANで、というふうに。

菅下　VIVA JAPANというサイトがもう、海外の人が日本を知るための巨大なグローバルメディアになる。そうなっている可能性はありますね。

浜田　そうなりたいですね。僕はこれまで、どうやったら社会的な公器になれるか、と考えて事業をやってきました。例えば、宮崎の尾崎牛を支援しているのですが、非常にいい生産者なのです。世界で一番いい牛を育てていると思います。

菅下　それをVIVA JAPANでも紹介している？

浜田　われわれが海外に紹介して、VIVA JAPANで売っています。評価も素晴らしいです。

菅下　日本には素晴らしいものが、秋田にも、青森にも、北海道にも鹿児島にも、福岡にもあるのだけれど、世界中の人は知らないですね。せいぜい岡山の桃や、鳥取のスイカなど。そういういい日本のものをVIVA JAPANを通じて紹介していく。

浜田　そうです。

菅下　日本には食べ物だけではなく、いい着物もあるし、そういうものを買っていくサイト。これで成功して、カフェグルーヴが将来、大きくなって、さらに日本の文化を世界に発信することになれば、大きな社会貢献につながるというのが浜田さんの夢なのですね。

浜田　そうですね。あと例えば、10年後も日本は、クオリティにおいて世界をリードしている国だと。ものづくりでリードすることは難しいかもしれないけれど、クオリティやサービスはもう日本だ、という状態に持っていくのがわれわれのミッションだと思っています。あとは、そのものをお届けすること。さらに例えば、このサイトを見て「これは素晴らしい。ぜひ工場を見に行きたい」とか、「宮崎牛に会ってみたい」という人を日本に連れてくること。そういうインフラをつくりたい。

菅下　話は変わりますが、いま日本の学生が就活に苦しんでいて、大企業を目指して40社受けても1社も通らない状況です。この若者たちが本当は、浜田さんのような事業を始めたら面白いのだけれど、なかなか日本の学生はそういう方向に行かない。寄らば大樹の陰で、いい学校を出ていい会社に入るという発想から抜けきれない。こういう若者たちに浜田さんからメッセージが欲しいですね。

浜田　日本は今でも、起業率は増えていると思います。

例えば、デラウェアで登記して、いきなり海外志向という人がでてきたり。そういう挑戦をすごく歓迎しています。

菅下　そういう動きは復活していると感じますか。

浜田　感じます。

菅下　若者よ、とにかく世界に打って出て、新しいビジネスをやれと。

浜田　今、これだけ円高ですし、日本にいる必要は全くないと思います。

先ほど話しそびれましたが、なぜシンガポールなのか、ということですが、東南アジアの株式市場の中心はシンガポールですし、それに英語が通じることがあります。ここはビジネスのいい実験場になります。

日本は忍耐の国で、堪え忍ぶことに関してはすごく強いですが、若者は堪え忍んでは駄目だと思います。それに日本はマジョリティでパワーを持っている方々はやはり上の世代です。若い世代にパワーがない、エンパワーメントが行かない。こういう国は、若者も外に出て、若者を少なくした方がいいのではないかと思います。

僕らがよく言っているのは、大企業に入っても、もう大企業には権力も何もないよ、ということです。そこで何かパラダイムのシフトがなければ、もしかしたら20年ぐらいは働けるかもしれない。ただ大企業でさえも大赤字になる時代です。だから、ものごとに絶対ということはありません。

「鶏口となるも牛後となるなかれ」ではないですが、これは好きな言葉なのですが、会社がつぶれたら自分で責任を取らなくてはいけないのですから。

今は世界中がかつてないほどつながっている時代です。僕らはＬＣＣ（格安航空会社）で世界に渡航していますが、本当に1万円ちょっとで海外に行けます。こんな時代はこれまでなかった。通信コストも向こうで携帯電話を安い機種に替えてWi-Fiでつなげば日本の友達にタダで電話できます。そういう素晴らしいことが集まっている時代です。

僕らはノマド（遊牧民）と呼んでいますが、要はロケーションフリー、カントリーフリー。どこにいても仕事ができる。

あと、よく言っているのが、２０２０年には労働の概念も変わっているということです。

今は会社に行って仕事をするのが労働ですが、例えばスターバックスへ行くと、誰が仕事をして誰がコーヒーを楽しんでいるは分かりません。そういう時代です。

日本の若者よ、どんどん留学せよ

菅下　学生には大企業で働く選択ももちろんあります。やっぱり起業、新しいベンチャー企業を作る選択があっていいと思うのですが、日本ではなかなかその回路が見つけにくい。たまたま浜田さんのように若い時から海外、特にアメリカなどで長く住んでいたら、もう起業するのが当たり前の雰囲気であるのだけれど、日本はそうではありません。規制も多い社会ですし。

浜田　そうですね。やっぱり絶対、今は若者は海外に出るべきです。どの国でもいいです。中国でもいいと思います。

菅下　そうですね。だから、学生時代に海外留学のひとつぐらいは経験しろと。

浜田　海外留学を勧めることはもう当たり前のことですね。アジアの中で、これだけ英語が話せない人が多い国ってほかにないですから。

菅下　ないですね。ところが今の若い人は、学生もビジネスマンも、海外に行きたがらない。だからハーバード大学に留学する日本人が激減しているそうです。ハーバードのアジアの留学生は中国人と韓国人ばかりです。日本人はたいへん内向き志向になっている。忍耐では駄目で、奮起が必要。浜田さんから日本の若者にメッセージをお願いします。

浜田　とにかく海外に出た方がいいと。

今、日本で学ぶべきものは少ない。やはり日本以外のアジアです。なぜアジアがあれだけ元気なのか。まだまだ若いのだから、学生だったらわれわれなどよりももっと若いのだから、この国でこのままゆでガエルになってしまってはダメだと。日本に居ると絶対、ゆでガエルになってしまいますから。

ところで、うちの会社は95％の人間がiPhoneを使っています。これだけのことを、1海外メーカーの1つのブランドでは、2005年頃だったら絶対になしえなかったことですね。5年間でこれだけ世の中が変わるわけです。

日本が素晴らしいのは、社会インフラも整っているし、食べるもの、レストランも、30日間毎日違った国の違ったものを食べることができるほどバラエティに富んでいます。本当に何もかもが揃っている。

僕は、だから危険だと思うのです。何も揃っていない海外を見て、何ができるかを考えた方がいいと思います。

菅下　そうですね。とにかくできるだけ早い時期に一度海外を見てこいと。1カ月でも1年でもいいからと。

浜田　最低1年ぐらい行った方がいいですね。1カ月だとまだ旅行という感じです。

菅下　1年ぐらい英語の勉強に行けと。自費かどこかに払ってもらうかはともかく。英語ができないのはもう時代遅れですね。

浜田　英語は武器ではなくて、もう当たり前ですね。英語を話せることが目的ではなくて、手段であり、ツールなのです。

菅下　日本は何もかも揃っている国だから、海外へ出てみないと不足が分からない、と浜田さんがおっしゃる通りですね。言葉以上に、不足を経験することが大事です。つまり、それがハングリー精神につながるのだと思います。ところで浜田さんが尊敬する人とは？

浜田　そうですね。やはり、常に両親ですかね。

菅下　ご両親に共通することって何ですか。

浜田　2人に共通するのは、やっぱり好奇心ですね。特に父は、経済学部の教授なのに、お金とは全く無縁の世界に生きている人なんですよ。例えば、世界最貧国の一つであるエチオピアの貧しさをどう理解するか、ということで実際に住んでみるわけです。

フィールドワークから入るのですね。これはとても重要なことだと思います。

菅下　お父さんは発展途上国の経済が専門でしたね。上智大学の何て言うお名前の方ですか？

浜田　浜田寿一（としかず）です。

菅下　お母さんはどういう方？

浜田　母は今でも金融の仕事をやっています。母方は先ほど申し上げた通り商売の一家で、例えば日本で最初にバイオリンで商売をしたのが祖父であったり、そういう家です。

菅下　お母さんは金融会社の経営者ということですか？

浜田　パートナーの方々がいて、その一人です。

菅下　投資ファンドか何か。

浜田　ファンドです。

菅下　いやあ、たいへんな一家ですね。最後に、シネマカフェをやっているので、せっかくですからお好きな映画を挙げてください。

浜田　これは僕が日本で配給したというか、買い付けてきた自分たちの映画なのですが、『フード・インク』という映画がありまして、米国のエミー賞をおかげさまでいただきました。米国の食の現状、食糧危機についての記録映画で、素晴らしい作品です。

あとは、いつもこういう質問が来ると、そのときの気分によって違う答えになってしまうので、常に悩むのですが、だからひとつだけ決まり文句のように決めている作品があるのです。それは『ゴッドファーザー』ですね。

菅下　『ゴッドファーザー』のどういうところが好きですか。

浜田　やっぱりファミリーですよね。家族。これからは家族をもう一度、再認識しないと。

田中禎人・エニグモ共同ＣＥＯ

【プロフィール】
たなか・さだと
１９７４年生まれ。青山学院大学法学部卒業。97年オンワード樫山入社。外資系ＰＲ会社を経て、カリフォルニア大学経営大学院経営学修士（ＭＢＡ）。２００２年博報堂入社。04年須田将啓とエニグモ設立。現在、共同最高経営責任者。

ネットを通じて個人間取引の場を提供

菅下　最初に、エニグモって一体何をしている会社かというところからお聞きしたいと思います。会社名からして面白いのですが。

田中　いろいろやっていたのですが、今は一つに絞っています。主力となっているのが、実は第1弾のサービスでもあるのですが、BUYMA（バイマ）ドットコムというショッピングサイトです。

バイマは、Buying Market（買付市場）を一つに合わせた造語です。流行りの表現で言うと、「ソーシャル・ショッピングサイト」です。

菅下　ソーシャル・ショッピングサイトですか。具体的にはどういうサイトになりますか。

田中　サービスモデルとしては、C to C（個人間取引）ですね。B to Cではなくて、コンシューマー to コンシューマーがやりとりする、マーケット型のサイトです。

菅下　これはユニークな部分ですね。多くの場合はB to C、つまり企業対個人の取引を扱うことが多いでしょう。

田中　そうですね。あまりそういうショッピングサイトはないかもしれません。代表的なもので言えば、ヤフーオークションなどですね。海外で言えば、アメリカでネット通信販売やオークションを手掛けているイーベイなどがそうです。

菅下　エニグモという会社は、ネットを通じて個人間取引をしている会社ですか？

田中　そうですね。個人間取引の場を提供しています。

菅下　この個人間取引の場を提供しているバイマというのは、いつ頃できたんですか。

田中　2005年の2月なので、7年前です。

菅下　バイマができた2005年の段階では、簡単にいえば誰も知らない状況だったわけですが、今や多くの人が知っている？

田中　知りつつあるという段階でしょうか。

菅下　ビジネスの舞台は国内ですか。

田中　国内です。個人間取引のやりとりは、海外にいる日本人と、日本にいる日本人との間で行われるので、海外の会員はいるのですけれども、基本的には国内の方々が買うためのサービスであり、サイトです。

菅下　世界中にいる日本人の取引を仲介するということですね。今は、バイマで月間何人くらいの人がサイトを見て取引をしているのですか。

田中　月間のページビューで言うと、だいたい７千万ページビューです。ショッピングサイトとしては、中堅から、結構大きいサイトという位置にあります。もちろん、ヤフーオークションなどのサイトに比べたら規模は違いますが。

菅下　でも、特化型ですね。

田中　そうです。

菅下　ただ見ているだけでは商売になりません。バイマを通じて、取引はどのくらい成立しているのですか。

田中　取引については公に言えないのです。ただ、取引額で言うと、２０１２年のファッション通販サイトというカテゴリーの中では、２番手につく見通しです。１番手はスタートトゥデイさんが運営されている「ＺＯＺＯＴＯＷＮ」で、断トツですね。

菅下　ＺＯＺＯＴＯＷＮの取引高はどれくらいなのかご存知ですか。

田中　取引高でいうと、年間５００億円くらいではないでしょうか。ですから、Ｚ

ＯＺＯＴＯＷＮさんが群を抜いているのですが、その次に我々２番手以降があり、伸び率でいうとあまり変わらないのです。

菅下　どのくらい伸びているのですか。

田中　前年比取引高でいうと１７０％くらいです。

菅下　前年比１・７倍で伸びている。すごいですね。この理由は？

田中　より魅力的な商品が並ぶ為の工夫、それがより探しやすい、買いやすい工夫や機能、さらにより良い買物体験ができるための改善など、あらゆることをやっていますが、さらにそれに追加すると、７年が経って、サービスの認知度が蓄積してきたことがあるからです。

菅下　ブランドが向上してきている？

田中　そうですね。あとは、それに伴ってバイヤーも増えてきていますし、商品数も増えてきていますから、サイトを訪れた人が買えるものが増えています。あとは単価も高くなってきていますね。

あと、やはり売り手側がそれなりのキャリアになってきていることです。２００５年の段階だと、売る側の実績取引数も少なかったですが、７年も経つと、何千という取引を行っていますから、買う側も安心して買っていただけます。サービスとしての実績も上がってきましたし、そこに参加する売り手の実績も上がってきたので、より信頼していただいて、取引しやすいサイトになってきています。

海外の商品を買い付け日本の個人に販売

菅下　先ほどの「ＺＯＺＯＴＯＷＮ」はファッション通販サイトの名称ですが、そのＺＯＺＯＴＯＷＮに当たるのが、エニグモの場合はバイマということですね。

田中　そうです。

菅下　まだバイマはＺＯＺＯＴＯＷＮほど知られていないでしょうね。

田中　残念ながらそうですね。

菅下　今後もっと誰でも知っているようなブランド名に、これからなっていく可能性があるということですね。しかし伸び率がすごい。

Ｂ to Ｃと違って、売り手も個人ですから、企業が何かいろいろ商品、品ぞろえして、ネット通販で売っているということではありませんね。品ぞろえがよくなり、単価も高くなってきているというのは、バイマを使っている人たちが、マーケットを信頼していいものをたくさん出すようになってきているということですね。
エニグモは個人対個人の取引を仲介する場を提供しているのだから、ファッションに限らず、例えばワインや家具など、何を売ってもいいと思うのですが、なぜファッションなのですか。
田中 そうですね。もともとは何かに特化せずに、一つのオークションのように、いろいろなカテゴリーのマーケットを想定しました。ですが、蓋を開けてみると、結局取引数が多かったのがファッションなのです。海外のファッションを、日本にいながら現地から買いつけたいという需要が大きかったのです。
菅下 それで、個人が自分で仕入れたものを売るという形になったわけですね。
田中 そうです。それで Buying Market です。海外にいる人がバイヤーになって、日本で買えない商品や、日本より安い商品を見つけてきて、欲しい人がいれば買いつけて送ってあげるという取引なのです。
菅下 売る人が中古のものを売るのではなく、新品を買いつけてきて売りに出しているのですね。

田中　そうです。ですから、売り手側が稼げるチャンスが多いんです。趣味で始めたのが商売になっている人もいます。基本的には、バイヤーの方々は皆さん稼ぐためにやっています。いらないものを処理するというよりは、買付をやっているのです。

菅下　例えばイタリアやフランスやアメリカで買い付けたら、国内の人が欲しがるだろうというものを出すわけですから、在庫を持たないで、買いたいという希望が来たら海外に行って取ってきてもいいですね。

田中　そうなります。それがしやすいようなサービスも設計されています。

菅下　売り手側にあまりリスクがありませんね。買いそうな商品を海外で探して、サイトに出せばいい。現物は、商いが成立した手当をすればいいわけですから。これは面白いですね。海外売りの国内買いという組み合わせですね。

田中　では、日本人で、例えば商社マンなど海外にいる人が売り手になったりするわけですね。

菅下　駐在員の奥様方や留学生、もちろん永住している方もいます。

菅下　今後のエニグモの業績拡大を考えると、今伸びているファッション通販サイトを質、量とも拡大していくことですね。

田中　そうですね。

菅下　それを今、田中さんは目指している？ファッションサイトの取引額がもっと大きくなるために、エニグモはネット上の技術、サービスでどんなことに力を入れているのですか。

田中　一言で言うと使いやすさですね。結局、米アマゾンの成功は、ユーザーが使いやすいということに尽きます。私たちのサイトでは、国内の人と、海外の人が買いつける時にいかにスムーズに取引を完結できるかが大事です。海外から取り寄せるわけですから、本当に届くのか心配であったり、偽物だったらどうしようという不安もあると思います。

　そういった時に、どれだけサービスとして機能面、サービス面、カスタマーサポートも含めてお客様をサポートできるかです。

商品の「真贋」を保証する鑑定サービスを導入

菅下　今おっしゃったことはすごく重要ですね。バイマで購入する場合、例えばニューヨークのブランドが日本よりかなり安い価格で出ていたりするわけですね。10万円のものが４万円で買えたりする。それが本物かどうか、本当にお金を払って届くのか。これはどのように保証しているのですか。

田中　これは２０１１年に導入したのですが、全てサイトで、バイマが保証しています。まず、正規品と判断できない商品に対しては全額返却致します。また、正規品かどうかの鑑定サービスも我々が提供しています。

商品が届いた後、「これは本物なの？」という疑いがあれば、我々に言っていただければ鑑定会社を通して判定して、もし正規品として判定されなければ全額負担します。

菅下　それなら買い手は安心して買うでしょうね。

田中　サービスとして、規模が大きくなってくると体力がついてくるので、できることが増えてきますね。

菅下　例えば偽物で、支払いが行われなかったケース、いわゆるトラブル率は全体の取引のうち、どのくらいあるのですか。

田中　少ないですね。月間に数件あるかどうかという感じです。

菅下　やはり日本人は約束を守るのですね。

田中　そうですね。偽物を、わかっていて出すという人は、実はあまりいないのです。

菅下　犯罪になりますからね。

田中　どちらかというと、今、偽物のクオリティが非常に高く、本物と同じ工場でつくっているけれどもタグが偽物だった時に、それを知らずに買いつけてしまったというケースなどですね。

菅下　バイヤーの方が偽物と知らずに買いつけることはありえますね。

田中　ほとんどがそういうケースだと思います。サイトの特徴の一つとしては、やはり日本人同士なので、信頼できるということです。変なこともそんなにしないですよね。

菅下　バイマが伸びている理由は、取引が使いやすく、速やかに行われるということと、エニグモが取引に関して商品が本物かどうかに関して、責任を持つという保証を入れているからですね。

田中　そうですね。あと、決済自体が特徴的なのですが、私がバイマで、例えば菅下さんから買い物をした場合、支払いをするわけですが、いきなり菅下さんにお金は行かないのです。一度、バイマがエスクロー（取引の安全性を保証する仲介サービス）の形で入るのです。

　そうして、間違いなく注文した商品だということで、サイトで取引を完了していただくと、そこで初めてお金は支払われるのです。

菅下　支払いはまず、エスクローみたいなところに入って。そして確かにエニグモが代金を預かりましたと、売り手に連絡して、売り手は現物を買い手に直接送るのですね。

田中　そうです。

菅下　その時には相手の住所は分かっているのですか。

田中　取引が完了すると、購入者の住所が送り手側に開示されます。

菅下　うまいやり方ですね。他社もこういう仕組みでやっているのでしょうか？

田中　当時は我々だけでしたね。特に日本と海外との取引ですし。

菅下　そうですね。リスクがありますからね。

田中　そうです。あと、先ほどおっしゃっていたように、バイヤーが持っていないものを買いつけて送る場合もありますから、そこのリスクをいかに軽減するかを考えた時に、我々が間に入るしかないと。

決済も、当時そういう決済システムはありませんでしたから、クレジットカード会社、決済会社とうまく交渉して、そういうシステムをつくらせていただきました。

菅下　ZOZOTOWNなども同じような保証をしているのでしょうか。

田中　保証はわかりませんが、決済のエスクローはやっていないはずです。彼らは普通の通販サイトで、彼ら自身が販売していますから、個人間に入ることがありませんから。

菅下　ZOZOTOWNはB to Cですね。個人間には、やはり決済のノウハウがあり、それをエニグモが開発している。これはなかなか難しいことに取り組みましたね。

田中　ありがとうございます。

菅下　バイマで取引するためには、登録するのですか。
田中　そうですね。
菅下　これはフェイスブックみたいに、住所、名前、性別、年齢など全てわかっているのですか。
田中　そこまではわかりません。登録するためだけであれば、住所などはお聞きしませんが、売り手側に対しては代金を支払わなくてはいけませんから、住所などが必要になります。
菅下　売り手側は、相当きちんとした登録をしてもらわないと取引ができず、買い手は簡単に登録できると。
田中　そうです。

今後はファッション以外のカテゴリーを強化

菅下　今の決済システムはお聞きして大変なるほどと納得したのですが、海外と国内の日本人同士のファッション取引は増えるのではないかと思います。海外で買い付けたものを日本で買いたい人はたくさんいますからね。飛行機に乗って行って買うよりもコストが安いに決まっていますし、時間も得するわけですから。
このファッションの取引がどんどん拡大していくというのは、エニグモの業績拡大につながると思うのですが、ファッション以外に有望なビジネス、商品というのは、まだ今のところないのですか。

田中　一応ファッションと大きなくくりではあるのですけれども、先ほど申し上げたように、レディースファッションが非常に多いのです。今8割方レディースファッションなのですが、メンズのファッションをもっと増やしていこうと。あとは、ベビー、キッズ、スポーツアパレルですね。走ったり、ヨガをしたりする時に着るものです。あとは海外の化粧品などのビューティー、家のインテリアグッズや雑貨などです。

菅下　大体女性が好みそうなものですね（笑）。

田中　そうですね（笑）。せっかく服を買いに来ていただいているので、それであれば、他のものもバイマで買っていただきたいと思っており、今は、他のカテゴリーを強化しています。

菅下　そこで質問なのですが、B to Cだったら、そういう商品を売る企業を探してきて、売り手になってもらったらいいわけですが、C to Cだから、化粧品やインテリアの売り手をどうやって探すのですか。

田中　買い付ける人をどうやって探しているかということですね。それは企業秘密です（笑）。でもおっしゃるように、本当にそこが鍵なのです。

菅下　鍵ですよね。これがB to Cなら、どこかの国の化粧品会社、サプリメントの会社を連れてきて、ホームページをつくって、そこから買ってもらう、取引が成立したら、一定のパーセンテージをもらう、という仕組みが考えられますが、売り手も個人ですから、そういうことの興味があって、買いつけてくれる人がどこにいるか、なかなかわかりませんよね。

田中　そうです。大事なことは三つに分けられます。まず一つ目は、売ってくれる人を探してくること。

二つ目は、では売りますという人に対して、どうやったらバイマで売りやすくなるか、取引に関する啓蒙です。バイマを使ってくれたら、営業はちゃんと面倒を見ますといったことです。単に出品するだけでは、やはり売れません。サイトには様々なお問い合わせ機能が付いていますから、どのように接客をすれば、より取引につながるかといった教育も我々が行っています。

三つ目が、では、どういうものを出品すればいいのか。日本で今人気のある商品が何なのか。今、日本の市場で、お店に行っても買えない商品が実際何なのか。それらを我々がリサーチしていて、それはバイヤーの方に実際に教えているんです。「これを出品すると売れますよ」とか。

菅下 なるほど。売り手になりそうな人に「こんなものを買いたい人がいっぱいいますよ。ちょっといいものを探してきたから儲かりますよ」という話をエニグモがしているということですね。

田中 ですから、マーチャンダイジング（商品政策）と呼んでいますが、我々が出品するわけではありませんが、どういう商品がバイマに並んでいるかというのは、実はコントロールしているのです。

菅下 田中さんならこういうものを売るな、ということを考えて、売り手を啓蒙しているのですね。そういう話し合いをするようなサイトがあるのですか。

田中 サイトはありません。社内のスタッフが、個別に連絡を取ったりしています。リアルではなくメールです。

また、バイヤーのサイト上のページに、我々スタッフからのメッセージを掲載する掲示板みたいなものがあり、「今度こういう特集をします」とか、「今こういう商品が流行っています」といった情報を出しています。

菅下　これは皆、海外にいる日本人ですね。

田中　日本にいるバイヤーも中にはいらっしゃいますけど、マジョリティは海外です。

菅下　海外にあって、日本にないもので安い商品を仕入れてくると。日本国内だったら価格はかなり均一化されていますからね。

そうすると、海外にいて日本の女性が買いたそうなものを見つけられる、目利き力のある人。それを探して来て、エニグモのバイマに掲載すると、それを買いたいという個人の人がどんどん入ってくるということですね。

売り手の中には女性も多いと思うのですが、ファッションや靴、化粧品への目利きができる女性だとチャンスがありますね。生計が成り立っている人もいるわけですか。

田中　いますね。

菅下　この人はいくらぐらい利益を上げているかというのは運営しているエニグモにはわかるわけですか。

田中　仕入コストがわかりませんから、正確にはわかりません。ただ、このくらいは稼いでいるんじゃないかな？　というのは取引高で見当はつきます。

菅下　例えば、取引額1億円の人が、仕入れコストはどんなに見ても10％くらいのさやは取っているだろうから。10％でも1千万円稼いでいるということですね。

田中　そうです。

菅下　すごいね。私もやりたいですね（笑）。海外にいる個人のバイヤーと、国内を中心とした買い手のカスタマーを結ぶ場がエニグモのバイマということですね。

　これは、ネット時代というか、新しい時代のビジネスだと思うのですが、あとは、このネットワークがどれだけ拡大するかですね。どんなサイトでもそうですが、何万ビュー見るかの勝負になるのですが、各サイトとも消費者のニーズを探していますね。エニグモではカスタマー間のブログサイトのようなものは運営していないのですね。

田中　していません。

菅下　あくまでも、エニグモのスタッフ対カスタマーのやり取りでニーズを見つけてきているということですね。

このカスタマーに対して、これまではファッションの買い手になってくださっていたけど、化粧品やインテリアはどうですか？　というような営業はしていないのですか。

田中　カスタマーに対してはしていません。バイヤーに対して、もっとこういう商品を出品して欲しい、ということはやっています。

菅下　バイヤーに対してはニーズを伝えていると。カスタマーに対しては情報提供をしているだけということですね。

田中　どのビジネスでもそうだと思うのですが、クロスセル（既存顧客に別の商品を購入してもらうこと）やアップセル（顧客により上位のものを購入してもらうこと）で、まずは服を買った人に、「ではこれも合わせて買いませんか？」というためのカテゴリーを、今増やしているところです。

菅下　このエニグモのビジネスモデル、C to Cで、最もライバルになるのは誰ですか。

田中　C to Cではいないですね。

菅下　いないでしょう。

田中　いないですね。

菅下　みんなB to Cでしょう。ヤフーオークションはどうですか？

田中　ヤフーオークションはC to Cですけど、ファッションはあまり多くありませんから。

菅下　ではファッションに、あるいはレディース向けの商品で、このC to Cに特化しているのはエニグモくらいですか？

田中　まあ、そうですね。似たようなサイトは、実は二つあるのですが、競合になる規模ではありません。

菅下　国内に似たようなサイトはある？　海外にはありますか？

田中　海外にはありません。

菅下　アメリカでやったら面白いのではないですか？

田中　そうですね。そういう話もちょうどいただいているのですが。

菅下　将来はグローバルに展開する可能性はありますね。

田中　もちろんです。

世の中が驚くような新しいサービスを発想したい

菅下　非常に面白いビジネスで、新しい時代の顧客のニーズ、しかも個人消費を刺激していますね。こういうビジネスがどんどん成立したら、景気がよくなるでしょう。個人消費というのは、景気にものすごく影響がありますから。今後もさらにビジネスを拡大して欲しいですね。

ところで、エニグモという社名

はどういう意味ですか。

田中　エニグモは、「エニグマ」（enigma）という英単語から取っています。この単語は、「謎」、「理解できない」というような意味なのですが、今の世の中が理解してくれなくても、自分たちが持ったビジョンに向かって頑張っていきたいと。それを信じて、先見の明を持ってやっていきたいという気持ちで起業しましたから、エニグマという単語がいいのではないかと思ったのです。

ただエニグマだと、ただの単語ですので、検索するといくらでも出て来てしまいますからもじったんです。「エニグマ、エニグメ、エニグミ…」と後ろを替えていって、一番しっくりきたのがエニグモでした。

菅下　この社名で、今まで誰も考えなかった奇想天外なビジネスをやろうじゃないかという発想で始めたと思いますが、田中さんたちは、どういういきさつでこの会社を始めたのですか。

田中　当時、博報堂にいたのですが、その時にバイマのビジネスモデルを思いつきました。もともと起業をしたかったので、何で起業をするかを、ずっと考えていたのです。

菅下　博報堂には何年くらいいたのですか。
田中　博報堂は3年ですね。
菅下　早いですね。３年くらいで起業したのですね。
田中　はい。博報堂が実は３社目です。１社目がオンワード樫山というアパレル会社でした。
菅下　やはりそういうファッションのルーツがあるのですね。
田中　その後に、外資系のＰＲ会社に転職し、その後に海外に留学して、日本に戻ってきて中途採用で博報堂に入社したんです。
菅下　やはり経歴がユニークですね。普通に大学を出て、大企業に入ったという経歴じゃないですものね。
田中　はい。ちょっとふらふらしました（笑）。
菅下　そのふらふらするのがいいですよ。それで3年のうちにビジネスモデルを思いついて、起業したということですね。
田中　そうですね。ただし、私はインターネットやコンピューターの知識がなく、どうやったらそういうウェブサービスをつくっていけるかというのが分かりませんでした。そこで、パートナーが必要だと思って、その時に、博報堂の同じ部署で働いていた、大学院でコンピューターサイエンスを専攻していた須田将啓という同僚に「一緒にやろう」と声をかけ、そこから始まりました。それが8年前ですね。そこから準備をして、実際に博報堂を辞めるまでに1年くらいかかっています。

菅下　なるほど。それでそのインターネットに詳しい須田さんを仲間にして、田中さんのC to Cの発想を具体的にビジネス化したと。会社を創業する時に、資本金などが必要ですが、これはどうしましたか。

田中　最終的にはあまり貯金がありませんでした。入ってきたものを全部すぐ使っていたものですから…。ですから、友人、知人、親戚を頼って集めました。我々は実は「1円起業」で始めたのですが、最初は400万円からスタートしました。ただ、それだけではサービスが始められませんから、そこから友人、知人に声をかけて、6千万円集めました。それでサイトをつくるところまではいけました。

菅下　最初の6カ月や1年の運転資金が必要ですね。

田中　そうです。このままでは運転資金がありませんから、そこでベンチャーキャピタルから増資をして、1億円ほど入れてもらいました。

菅下　ベンチャー企業はまず、ビジネスモデルを発想して、何かやろうと気がつかなければできませんね。それを田中さんは気がついた。しかし、インターネットの知識がないとできない。そこで同僚に声をかけた。実際にサービスを始めるにはお金が要るということで、友人、親戚、さらにはベンチャーキャピタルのお金が入ったという流れですね。

そこからも紆余曲折はあったと思いますが、今は順調ですか。

田中　今はいたって順調ですが、最初の3年くらいは苦しかったですね。サービス自体が、1年くらいは本当に全く取引が伸びませんでした。C to Cのビジネスですから、売り手も買い手も必要ですが、全然買い手がいないので、売り手が出品しても売れない。そうすると買い手の人も辞めてしまうのです。

C to Cの収益化に時間がかかるということが、結構早い段階でわかりましたので、B to Cで法人からお金をいただくサービスを先に立ち上げようと考えました。

菅下　インターネットのサービスを始めたのですか。

田中　そうですね。企業さんや広告代理店さん向けに、ブログを活用したプロモーションのサービスを始めました。

菅下　それで取りあえず食いつなぎながら、C to Cが成熟するまで待ったわけですね。C to Cで何とか食べて行けそうだと思ったのは、創業して何年くらいですか。

田中　4年後です。その前の年に、初めて単月黒字が出ました。

若者はとにかく社会へ出て仕事をしてみよ！

菅下　単月黒字になると嬉しいですよね。

田中さんのように、新しい事業モデル、C to Cに行き着いて、それを実現するということは、大変なことだと思います。というのは、世の中に全くない、影も形もなかったビジネスモデルを、やっと8年くらいかけて立ち上げた。ゼロからまったく新しい、しかも世界に一つしかないという事業モデルに近いわけでしょう。

こういう新しい事業モデルで、ぜひエニグモに成功してもらって、世界のエニグモになってほしいと思うのですが、今の学生が卒業しても、就職できない。40社落ちましたといって、もう非常に将来を悲観的になっている学生や若者が多い。あるいは、大企業に就職しても、全然希望のない日々で、6カ月で辞めてしまったというような人も非常に増えています。今の日本の若者には、何をやったらいいか。ビジネスに対する希望がないのです。

それに引き替え、田中さんたちは、もう今日何をやろうかと常に考えている。毎日10時、11時まで仕事をしたって終わらないというのは、ものすごく素晴らしいことだと思うのです。

この迷える若者たちに、大企業を目指さずに、エニグモみたいなものを立ち上げろということだと思うのですが、新しいこの事業モデルをやるのに、どんなことを心がけたらいいか。あるいは、今の若い人たちに、この仕事というものをどういうふうに考えたらいいか。田中さんの考えを聞かせて下さい。

田中　いろいろやればいいのではないかなと思うのです。ちょうど最近、就職サイトの取材を受けて、取材する側が学生だったのですけれど、そこでちょっとお話したことに似ているのですが、就職先がない、行きたい会社に入れないという人たちは、取りあえず、選択肢は二つかな、と思っているのです。

一つは、学校に行けばいいのではないかなと思います。大学を出るのであれば、大学院で、それこそ海外に行けばいいと思います。もう日本だけでは通用しない市場になるでしょうから。
学校へ行くことによって、何かスキルがつくでしょうし、2年後などにはまた市場が変わっているでしょうから、いろいろなチャンスがあると思うのです。お金がないのであれば、借金をしてでも行けばいいと思います。

菅下　借金してでも、アメリカか中国の大学へ行けと。簡単なことですが、みんなやっていませんね。

田中　やってないですね。二つ目は、会社を選んでいて行くところがないのであれば、とりあえずどこかに入ればいいのではないかと思います。

菅下　中小企業でも小さい企業でも、どこかで働けと。

田中　はい。まず社会へ出てみないと仕事のことも、自分が何を好きなのかも、何もわかりませんよね。

菅下　それはいいアイデアですね。町の工場でも何でもいいじゃないかと。

田中　いいと思います。本当に。社会で働いてみればいいと思うのです。

菅下　何でもいいから、取りあえず何か仕事しろと。そこに一生勤めるわけじゃないですものね。

田中　そうなんですよ。私も結局3社回って、結局起業しているので、第一ステップが何なのかということに、そこまでこだわる時代ではもうなくなってきている気がするのです。

菅下　僕らの時代は、はるか田中さんより昔で、大学を卒業して、大企業へ入って、誰も辞めないという風潮が強かった。終身雇用でしたから。そういう時代に、私は大和証券に入って、3年半で辞めてしまったのです。

田中　先見の明がありますね。

菅下　いやいや、偶然そうなった。その時に、大和証券は、今も一流の会社ですが、親戚一同から「何で、そんなにいい会社を辞めたのか」と言われました。それで私はメリルリンチというアメリカの証券会社に入ったのですが、「そんな英会話学校みたいなところに入って」と言われたのです。

ですが、外資系の企業に入ったことで、大和証券だったら、おそらく行っていなかったニューヨークのウォール街で仕事をすることができたのです。当時、そういう日本人は大変少なかったわけです。これが現在の私につながっています。

ですから、今の田中さんのアドバイスは、簡単なアドバイスなのですが、みんなやっていないし、気づいていませんね。たくさん企業を受けて、日本の大企業に入れなかったら、アメリカの大学にでも行ったらいい。

あるいは中国へ行って中国語を学ぶ。あるいは、そんなお金もないし、海外にも行きたくないという人は、あなたが入れる会社へ取りあえず入って、社会を経験しなさいということですね。

田中　そうです。

菅下　田中さんは、最初大学を出て、オンワード樫山という、これも一流の会社に入ったわけですが、辞めたのはなぜですか。

田中　営業に配属になったのですが、一言で言うと、自分が勉強不足だったんです。就職する前に、実際オンワードに入ったらどういう仕事をすることになるかというのを、あまり深く考えずに入ってしまった。入ってみたらちょっと違うなと感じました。百貨店を回って、あとはほとんど倉庫で納品作業をしていました。

菅下　自分のやりたい仕事と違うと。ですが、大体今の大学生も、どんな会社か知らずに、銀行に入ったり、メーカーに入ったりしているでしょう。入ったら、多分いやなことの方が多いと思う。その時に、我慢して頑張るか。田中さんみたいにすっと辞めるか。ここが人生の分かれ道ですね。
僕は今の時代だったら、入っていやだったら辞めたほうがいいと思う。

田中　それは少数意見かもしれないですね。

菅下　少数意見だと思いますね。どっちかというと、頑張れという人が多い。

田中　そうなんです。

菅下　辞めても、就職難で厳しいと思います。ですが、今の田中さんのように、中小企業でも何でもいいから入って、いくつかのいろいろな職業を経験し、自分の目指す道を進むことだと思うのです。アメリカ人はみんなそうじゃないですか。
仕事を離れて、趣味は何かありますか。

田中　趣味というのはサーフィンと空手ですね。あと、お酒が好きです（笑）。

菅下　それはいいですね。お酒を飲んで、やっぱり気分よくなってね。周りにいい仲間ができるのが最高です。

田中　そうですね。

菅下　私がウォール街にいた頃、仕事が終わると、ウォール街の近くに居酒屋みたいなところがあって、みんながそこに集まってビールを飲むのです。そうすると、私はメリルリンチでしたが、そこにはモルガン・スタンレーも、シティバンクの人間もみんな集まって来ます。そこで金融の人脈ができてしまいます。本当の人脈は、そうしたお酒を飲んだり、食事をした場でできるのだと思いますね。

武永修一・オークファン社長

【プロフィール】

たけなが・しゅういち

１９７８年兵庫県生まれ。97年京都大学法学部入学。２０００年在学中に個人でオークション事業を開始。04年デファクトスタンダード設立、代表取締役就任。07年オークファン新設分割、代表取締役就任。

日本最大級のショッピング&オークション比較サイト

菅下　武永さん、オークファンのビジネス、事業内容から聞かせて下さい。

武永　我々の会社は、2007年6月に設立されて、もうすぐ丸5年になります。日本最大級のオークション比較サイトということで一般的には知られており、大体月間850万人の方が1・2億回以上のアクセスをしていただいています。

菅下　850万人が1・2億回以上見ている、すごいですね。

武永　先程、「比較」と申し上げたのですが、比較という分野だとやはり、日本ナンバーワンなのは、最近「食べログ」などでも話題になっている株式会社カカクコム（以下、「価格コム」という。）さんです。本当に日本中誰もが知っているサイトになっています。

我々は、かなり離されて第2位ということですが、価格コムさんは消費者の方が見るサイトなのです。

菅下　価格コムは消費者が、どんな品物がどんな値段で買えるかというのを見るサイトですよね。

武永　ええ。どんなクチコミがあるかが分かるサイトでもあります。一方で、我々は全く違って、楽天やヤフー、モバオク、アマゾンなど過去のオークション、ショッピングで取り引きされた実売価格と取引数のデータを持っています。いわゆるＰＯＳ（販売時点情報管理）データに近いです。買い手はもちろんのこと、必然的に売り手の方がよく見るサイトになっています。

菅下　売り手の方が見る。そうか、今までどんな商品がどのサイトでどんな値段で成立しているかというのを見て、それを参考に売り指値できるということですね。

武永　おっしゃる通りです。もしくは、小売業やリサイクル業の方がそれを参考に、仕入れ値を決めると。

よくあるケースとして、日本全国のリサイクルショップさんなどで、お客様が二つの商品を売りに来られた時に、一方は店長さんも目利きで買取価格がわかる。ところが、一方は買取価格の見当が付かない商品だという場合があります。

その時に、店頭の裏側で我々のサイトを見ていただいて「過去にこの商品は楽天やヤフーで２００００円から１００００円に価格が下がってきているから、今５０００円で買えばペイする」と将来の商品価格を予測することができるのです。

菅下　売るための仕入れにデータが応用できる？

武永　表向き「比較サイト」なのですが、裏側では膨大な商品データをマイニングによりクリーニングをしてから、サービス展開をしているのです。

菅下　あらゆるオークションサイトの商品の値段がわかると同時に、売り手の場合はいくらで仕入れたら市場で売れそうかがわかる。買い手も売り手もよく見るサイトなのですね。

武永　そうです、なので当社のユーザーは約半分が買い手の方、あとの半分は売り手の方々なのです。

菅下　価格コムは商品を買いたい人がどこで安く買えるかを見るサイトですが、オークファンさんのサイトは、むしろ売り手が見ていると。ここは決定的な違いですね。

武永　ええ。他にも価格コムさんはジャンルも映画、お葬式、保険など多岐にわたっていますが、我々は逆に商品ジャンルはほぼ全てカバーしており、オークションで個人が売っている、例えば年代物商品や航空チケットや家具、車のパーツなども網羅しています。

特にオークションは、個人間取引がメインで本当に様々な商品が取り引きされており、驚くような商品もたくさんあります。

菅下　ネット上で取り引きされる商品の、全ての過去の価格データが入っていることで、将来取引する人たちにとって参考になる。

武永　我々がよく言っているのは、ブルームバーグやロイターが金融の世界でやっていることのモノ版、商品版だということです。

菅下　ブルームバーグ、ロイターは過去の金融マーケットのデータが全部見られるのが特徴ですね。ネット上の、商品の価格データを持っているのがオークファンですね？

武永　はい。そういうことをやっている会社が、我々が知る限り日本には我々1社しかありませんから。大手家電量販店や大手通販事業者、総合シンクタンクなど法人から個人の方に至るまで、いろいろな目的で我々のデータをお使いいただいています。

世界でも少数しか参入者がいないネット取引データビジネス

菅下　ネット上で取り引きされている全ての価格を、オークファンはサイト開設以来、それをデータ化しているということですか。

武永　はい。最初はインターネットで「ＷＥＢクロール」という仕組みで公開されているデータを蓄積していました。しかし、２００７年に法人設立をしてからは、きちんと各社様を回って、真正面から門を叩きました。今では、彼らから積極的にデータをいただいている状況です。もっと掲載すれば、その分お客さんはたくさんくるかということです。

菅下　ネット取引の価格に関するシンクタンクみたいな感じですね。おもしろい事業ですが、世界的にもオークファン以外にあまりないのではないですか。

武永　私が把握している限り、カナダに1社しかありません。アメリカにはイーベイという巨大なオークションサイトがあり、彼らはそのデータを使っています。

菅下　オークファンはあらゆるデータを取り扱えるわけですから、もっとグローバルな広がりが出てきますね。海外の取引価格データも集め始めているのですか。

武永　はい。今後、中国の大手ネット企業であるアリババの子会社で、タオバオ（淘宝）という、会員が3・5億人ぐらいいるような巨大なサイトのデータも直接いただく予定です。取引金額10兆円、市場占有率83%というとんでもないサイトです。日本のEC市場が8兆円ですから、1社で既に日本全体の取引金額を超えています。

アメリカのイーベイも、英語圏ではほぼ1社独占です。我々日本市場に対して今後積極的に取引金額を増やしたいということで、データの強化を交渉しています。

もっと我々に時間的なリソースがあれば、一つの商品に対して日本、アメリカ、中国といった3カ国のデータを出すことができるのですが、翻訳技術やデータ形式などまだ難しい部分も残っています。とは言え時間の問題になっていますが。

菅下　膨大なデータですからね。将来的には日本、アメリカ、中国のネット上で取引されている価格を、完全にデータ化する考えなのですね。

武永　そうです。

アフィリエイトと有料会員が収益の柱

菅下　日本とアメリカと中国を押さえたら、もうほとんど世界を押さえたみたいなものですからね。

先ほども言いましたが、オークファンさんは日本最大級の、ネット上で取り引きされた価格のデータを網羅しているシンクタンクみたいなところだと思っていますが、この新しい事業モデルは、どこから利益が出ているのですか。

武永　利益に関しましては、シンクタンクというとおこがましいのですが、調査会社としての部分と、インターネットのサイトとしての部分と、二つの収益源を持っています。

まずサイトの収益源としては、アフィリエイト（成功報酬型広告）です。オークファンのサイトを見ていただいて、どこかのサイトで売買していただけたら、売買金額の数パーセントを各社さんからいただく形です。我々のサイトからお客様が来て成約した報酬です。

今、この瞬間もお金が入ってきますから、大きなストック収入にはなります。

菅下　消費者は勝手に御社のサイトから注文を出す訳ですからね。だから、１年３６５日、オークファンに休日はないですね？

武永　そうですね。

菅下　すごいですね。

武永　ここに来るまでが大赤字で散々苦労しましたが。あと、ここから先、まだまだ伸ばしていかなければいけないので、十分な数字ではありません。

菅下　一つの収益の柱がアフィリエイト。もう一つは何ですか。

武永　もう一つは、お客様に課金をしている収益です。

菅下　もっとデータを見たい人は有料会員になって下さいということですか？

武永　おっしゃる通りです。普通に考えると、インターネットはほぼ全部無料なので、何で課金をするのか、ということになります。我々のデータも基本的には無料なのですが、やはりビジネスで使っている方が多いので、ではプレミアム会員費として４９８円いただければ、もう少し遡ってデータを閲覧できますとか、統計分析データが見られるとか、ワンタッチでいろいろなサイトに商品が出品できますとか、痒いところに手が届くサービスだけは有料にしています。会員数は数万人はいて、毎月増えています。

菅下　有料会員は月額どれくらい支払うのですか。

武永　基本価格は４９８円で、１万円のもありますが、平均すると１人あたり１０００円弱をお支払いしていただいています。

菅下　情報の提供量によって差をつけている訳ですね。

武永　ブルームバーグなどだと、端末１台につき数十万円などという料金をとれるサービスもありますが、それは金融の情報だから可能なことでもあります。我々のお客様には個人の方も多いですから、最低４９８円からにさせていただいています。

菅下　アフィリエイトや有料会員など、御社の収益になっているのは、皆、個人ですね。企業の人も見ているとのことでしたが。

武永　基本的には個人です。法人は、第３の収益ということで、例えば先程申し上げました大手広告代理店や調査会社はデータ自体をオークファンのサイトからではなく、直接我々のデータベースとつながっています。また、広告も今、少しずつ手がけています。

菅下　アフィリエイト、有料会員、広告収入が収益の柱ですね。一番比重の重いのはどれですか。

武永　課金が一番多い状況です。

菅下　有料会員を伸ばしていくことが経営の安定につながりますね。

武永　そうですね。

公平な価格情報の提供で市場形成を

菅下　有料会員を増やすためには、御社のデータ、情報が役に立つ、サービスがいいということもそうですけど、オークファンの知名度向上も大事ですね。

武永　おっしゃる通りです。

菅下　オークファンを知らない人も多いのじゃないですか。

武永　はい。そこが、まだ我々の弱いところです。

菅下　良いデータを提供することと、オークファンがもっとブランド化するという両面が大事だと思うんですよね。今後の業績拡大のためには、有料会員数を増やしていく、アフィリエイトがもっと出てくるようなコンテンツを増やしていく、ということになりますか。

武永　はい。その両方を重要視しています。今我々が注目しているのは、もっと個人の方が、一つの商品を今買って次に売ったらいくらというような、レンタル感覚で消費をしていただけるような仕組みをつくりたいと思っているのです。

ある商品の買値は、我々にも、他のいくつかの比較サイトでもわかります。ところが、売値や取引数は我々オンリーワンの強みです。では、この商品を買っていくら、売っていくら、では差額はいくらという風に、我々が独自の出し方をすれば、日本中の消費者の方が、ご自分が買って、すぐ売ったら、実質的には何円でレンタルしたという形で、スーツでも、電話機でも、どんなものでもレンタルできるような消費行動を広めたいのです。そういう独自の見せ方で認知度を上げていきたい。

菅下　個人と企業、両方がオークファンを通じて商品を出品し、それを見た個人の消費者が買いたい場合は、オークファンを通じて買えるようになっている。それで取引が成立したらアフィリエイトで収入が入ってくる。

武永　そうです。今は、買う側と売る側が別々の目的で我々のサイトを見ています。それを一気通貫にしたいのです。

今、不動産や車などは、皆さん大体買う時に、「リセールバリュー」という、再販価値を意識していらっしゃいますが、一般の商品になると、みなさん買ったら捨てるという昔の大量生産、大量消費の文化が残っています。
我々は、一般消費財の価値を可視化して、全ての人がリセールバリューを意識して、「このパソコンを買って、次に売ったら実質2万円だな。では2万円で1年間レンタルできるな」といった、リースやレンタルの感覚を持って消費活動を行って欲しいのです。

菅下　オークファンのこの取引では、今おっしゃったように、売り手と買い手は全くバラバラで今のところまだ成立しているのですね。

武永　そうです。ただ賢い消費者の方は、ある時は買うページを見て、いらなくなったら今度売るページを見ています。それによって家計の支出が大幅に減ったという方が増えていらっしゃいます。

菅下　ビットとオファー、両方の値段を見ながらやっている人もいる。

武永　はい。ところが、それは、まだ一部の賢い消費者に止まっているのが現状です。もっともっと多くの方に、売りを前提として買って下さいと提案したいです。

菅下　すると、オークファンが将来、売り手と買い手をマッチングさせるマーケットをつくろうという訳ですか。

武永　それも可能になります。

菅下　そうすると、オークファンはマーケットメーカーになりますよね。そういう仕組みは、まだできていないのですね。

武永　はい、今はいろいろ試行錯誤しているところです。

菅下　オークファンがフェアな値段でマーケットメークができると「割高で買ったのでは」、「もっと高く売れたのでは」という疑心暗鬼がなくなりますから、おそらく取引量が増えますよね。そういうことに取り組もうとしているのですね。

武永　はい。やはり、ネット市場で買いと売り、両方の値段を網羅しているというのが、我々の強みなのです。個人の方が、それこそ自分の家の全てのモノに対して、今売ったらいくらの資産になるか、ということも分かるようになります。そういうことをやっていきたいですね。

菅下　その場合の商品は新品、中古品両方になりますか。

武永　両方ですね。中古品は個人の方が多かったのですが、ご存じのとおり、今は大手の大黒屋さんやブックオフさん、ヤマダ電機さんなども入ってきており、新品、中古ともに個人、法人が入り乱れてきています。

菅下　個人、法人が入り乱れて新品、中古品のマーケットが立っていると、その値段が妥当かどうか、買う側には見極めるためのデータが必要ですね。それをオークファンのサイトで見ていると。

武永　はい。今は非常に面白い状況ですね。

菅下　取引成立した場合のデリバリーやお金の決済は、オークファンがやっているのですか。

武永　いえ、我々はあくまで取次会社ですので、最終的には各サイトで取引が成立しています。

菅下　御社は情報提供と取引サポートの場を提供しているだけだということですね。

武永　そうです。本当は、オークファンの中でマッチングをして売買取引所を確立するというのも可能性はあるのですが、仕組みを考えないと。データを出してもらっている各運営会社さんと競合することになってしまいます。

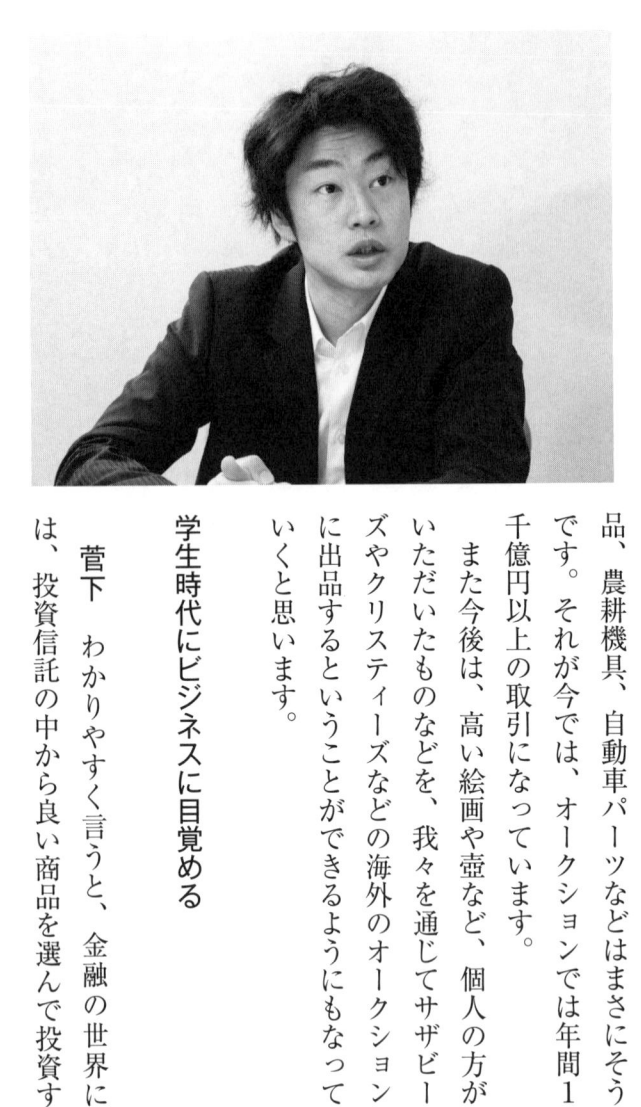

菅下　取り扱っている商品の中に「希少市場」というものがあるようですが？

武永　希少市場は、従来インターネット上に市場がなかった分野です。例えば美術品、農耕機具、自動車パーツなどはまさにそうです。それが今では、オークションでは年間1千億円以上の取引になっています。

また今後は、高い絵画や壺など、個人の方がいただいたものなどを、我々を通じてサザビーズやクリスティーズなどの海外のオークションに出品するということができるようにもなっていくと思います。

学生時代にビジネスに目覚める

菅下　わかりやすく言うと、金融の世界には、投資信託の中から良い商品を選んで投資する「ファンド・オブ・ファンズ」がありますが、オークファンはそれと同じで「オークション・オブ・オークション」ですね。世界中のオークションをたくさん集めたオークションサイトだということですね。この事業には広がりがありますね。みんなと「Win-Win」の関係だから。

今度は少し過去に戻って、オークファンを創業したいきさつを教えて下さい。

武永　実は、オークファンをつくったのは私ではないのです。もともとオークファンは知る人ぞ知るサイトでした。初めてサイトをみた時は衝撃的でした。過去のヤフーオークションなどのデータが全て載っているのですから。

私がオークションと出会ったのは学生時代で、自分が持っていた中古ＰＣが新品同様の価格で売れたことで味をしめました。

そうしたら今度はだんだん面白くなってきて研究したいと思い始めました。本当は大学を卒業したら、新聞社か銀行に入る予定だったのですが、自分で商売ができるのじゃないかと思ったのです。

オークションのデータを調査してエクセルにまとめ、それをめくりながら、京都、大阪、神戸の質屋さんに行ってみると、ヤフーオークションだと10万円なのに、店では3万円で売っている、ということが出てくるのです。そうしたものを購入しました。

菅下　商品を仕入れて、オークションに出したわけですね。

武永　ええ。そうしたら、中には3万円で買ったら3万円にしかならないものもありましたが、だいたい押し並べると相場に対して近似値になります。ということは、このデータを持って世界中の店舗を回れば、必ず利ざやを稼ぐことができる商品があるのではないかと思い立ち会社化したのです。ですから、前身は実は小売業なのです。

菅下　マーケット感覚で調べて、安い値段で仕入れて、高い値段で売れることがわかったと。

武永　はい。完全に「アービトラージ」（裁定取引）ですね。昔の貿易みたいな商売を個人でやっていたのです。ですから、当時は男性物のブランド品などを取り扱っていました。

菅下　すると、武永さんは大学を卒業して、どの会社にも勤めず、自分で商売ができると思ったわけですね。

武永　私は法学部でしたから、本当は、1、2年休学してオークションビジネスで稼いだ後にロースクールに通って弁護士になれればいいなと考えていました。初めはある意味で学費と時間稼ぎではあったわけですが、気づけば、ビジネスの方にはまってしまいました。

菅下　自分でつくった会社はなんという会社でしたか。

武永　名前は「デファクトスタンダード」でした。2007年に、ある上場企業とご縁があり、数億円ほどで売却をしました。

菅下　欲しいと言われるということは、その会社に価値があったということですね。

武永　非常に事業として伸びていて、今考えるともったいなかったのですが、もう私は次のオークファンを成長させることで頭がいっぱいになっていました。

菅下　創業期に数億円で売れると嬉しいでしょうね。起業家として、立ち上げの資金が必要ですからね。

武永　はい。そのお金があったからこそ、今の会社の創業時を何とか耐えることができました。

―利用者が経営者に

菅下　では、自分がつくっておらず、見ている側だったオークファンを武永さんが経営することになった経緯は？

武永　これはフットボールブランド「ＳＦＩＤＡ」を運営するイミオ社長の倉林啓士郎さんのご縁があります。彼は当時ＤｅＮＡの社長室にいました。ある日、「武永さんはオークションをやってらっしゃいますよね」というので「やっているよ」と言ったら、倉林さんが「僕の友達でオークションの過去データを見られるサイトをやっている人がいるのですが、興味ありますか？」と言うのです。

その時に、「まさか私が毎日見ているサイトかな？」と信じられない思いで「それはオークファンのこと？」と言ったら、倉林さんは知らなくて、とりあえずセッティングしてもらって、運営している方にお会いしたのです。

お会いした時に「もしかして、やってらっしゃるサイトはオークファンですか？」と聞いたら、「そうです」と即答でした。人生で一番興奮した瞬間でしたね。

「２００１年から、１日の半分くらいみています。本当にこのサイトはすごいですね」という話をしました。

菅下　その偶然の出会いから、オークファンを引き継いだわけですか。

武永　はい。私としては、絶対に引き継ぎたいと。全財産投げ打ってもいいと思いました。結局、半年かかりましたが何とか引き継ぐことができました。最初は、他にも何社かオークファンを欲しいと言っていましたので、断られましたが、一生懸命交渉しました。

菅下　武永さんの熱意や情熱が伝わったのでしょうね。自分のつくったサイトを、それくらい熱心に見てくれて、自分の人生をかけたいのだという思いは相手に通じますよ。価格が高いか安いかだけだったら、他社に売っていたかもしれない。

武永　そうですね。他の会社では、本当に「何億でも出す」という話だったらしいです。

起業をするために会社経験が大事

菅下　今日のお話をお聞きした限りは、単に日本のオークファンじゃなくて、世界のオークファンになる可能性が大いにあると思いますね。今後は、中国やアメリカなどの優秀な人材を採用して、世界で活躍して欲しいですね。

というのは、私は以前から、どうして日本にフェイスブックやグーグルみたいな企業が出てこないのだろうと思っていたのです。オークファンは今までなかった新しい事業モデルですから、ぜひ頑張っていただきたいと思うのです。

また、今でも武永さんのように、いい大学を出て、ゼロから起業家になろうという人は少ない。優秀な学生はリスクを感じて、起業家の道に進みにくいのです。これから起業する人や、就職活動で40社受けたけど通らなかったというような学生に向けたメッセージをお願いします。

武永　私自身、当時は全く想像もしていなかったきっかけで事業をやることになりました。もともと私は学生時代に起業したいとは1回も思ったことはありません。起業サークルにも入りませんでしたし、起業本も1冊も読んだことはありません。

ですから、こういうことを言うのもおこがましいのですが、人生はいつ何があるか分からない。これは、日本の大企業自体もどうなるかわからないという事でもあります。例えば、大手銀行同士の合併や、メーカーの合従連衡など、ある日突然今までの常識が崩れて世界が変わることがある。

昔みたいに終身雇用であれば、名の通った大手で部長や役員、社長を目指すというのも、もちろんいいと思います。しかし、いつどうなるかわからない世の中で、頼りになるのは自分の実力と志高い仲間との絆です。ベンチャーを興したり、働いている人達は、決して能力的に特に優れている事はありませんが、変化に柔軟に対応し、むしろ自身や環境を変えていくマインドを持っています。私はやはり起業をお勧めしたいと思います。自分の人生は一回きりですし、仕事が大きな割合を占めます。エキサイティングして、後悔しない人生を送っていただきたいです。

ただ一方で、逆説的ですが、20代そこそこで、勢いで起業してしまうと、デメリットの方がはるかに大きいです。というのは、何も分からないので当然失敗しやすい。設立後、5年生き残る会社は全体の10%程度です。しかも社会経験がない学生だと、はるかに低い確率でしょう。若いうちに失敗経験が心に残ってしまうと、逆にその後の人生にとって、大きなマイナスになってしまいます。
ですからお勧めは、大企業、ベンチャーに限らず、自分がいいなと思った会社に入ってまずは3年、5年は修行をする。給料を貰って学べるなんてラッキーだと思うことです。全部吸収してやろうという意気込みで仕事をし、そのあとの自分の人生を豊かで楽しいものにしようという気持ちを養うことだと思います。そういう意味では、やはり元気なベンチャー企業に入ることが一番近いかなとは思います。

菅下　アメリカの優秀な学生などは、そうした形で就職し、起業していますよね。

武永　そうです。アメリカは、ベンチャー企業が大手企業と同等以上に評価される文化がありますが、日本だと例えばヤフーや楽天よりも、既存の大企業の方がいいという話にまだまだなりがちです。
でも、ベンチャーは非常に成長も速く、若くて意欲的な仲間が多い。特に学歴やスポーツなどで自信がある方は、ベンチャーでバリバリ成長しないともったいないと思うのですよね。

菅下　優秀な学生、あるいはものすごいエネルギーのある人が、日本の大企業に行ったらもったいないですね。大企業に行っても、そういう人は成功するかもしれませんが。既存の大企業に行くか、ベンチャー企業に行くかというと、これまでは大企業に行っていましたが、今後はベンチャー企業の方が人生にとって大きなチャンスがある、という考え方に、若い人はだんだん変わってくると思います。しかも、20代だったら、仮に失敗してもやり直しがききますよね。

武永　おっしゃる通りです。

菅下　私も、はるか昔ですが、大学を出て大和証券に入りましたが、国内営業をやって3年半で辞めたのです。当時としては異例だったのですが、メリルリンチというアメリカの証券会社に入りました。

当時は、なかなか起業家がいない時代でしたから、私は起業しませんでしたが、当時は転職すること自体が、ものすごく厳しいことでした。

結果として、3年半で大企業を辞めてメリルリンチに入ったわけですが、当時はすごく嬉しかったですね。外資系に入ったことによって、自分の違う人生が開けたのです。行かなかったら、今でも日本国内で営業をやっていたかもしれませんが、転職したことで、いきなりニューヨークに行くことになったんです。20代でニューヨークに行ったことは、ものすごくいい経験になりました。

今、武永さんがおっしゃったように、20代の時にリスクを恐れずにベンチャー企業に入ったり、もっと才能のある人は武永さんのように最初から学生起業家になることが必要だと思います。

ベンチャーあるいは中小企業に入って、とにかく企業の組織というものを3年くらい経験してから起業した方が、リスクは低いと思いますね。

どちらにしても20代のうちにとにかくやってみると。それで失敗したっていい経験になると思います。私は結構ベンチャー企業に近いなと思うのが、メリルリンチやゴールドマン・サックス、ＪＰモルガンのような外資系の方々です。彼らも基本的に実力勝負ですから、話も合います。

いつクビになるかわかりませんが、逆に億単位を稼ぐ人もたくさんいます。

武永　実は、私の友人は外資証券の方が多いのですが、やっぱり肌が合うんです。

菅下　外資系に勤めるというのは、ベンチャー企業をやるのとほぼ同じですよね。私も、大和証券からメリルリンチ移った時に、それを一番感じたのです。

メリルリンチに入って、ニューヨークの研修トレーニングを受けて帰ってきて、自分のブースを与えられて、秘書もついて、仕事をするのだけれど、成績上がらなかったらクビじゃないですか。プロ野球の選手と同じですね。年間契約みたいなもので、ベンチャー企業とも同じですね。

世界に通用する「グローバルニッチ」を

菅下　学生の皆さんには外資系に入って、ニューヨークでもロンドンでも行くような経験をしてもらう。あるいは武永さんがおっしゃったように、ベンチャー企業でも中小企業にでも飛び込んで、3年、5年くらいで起業する人が増えて欲しいというのが、我々からのメッセージです。

　将来はオークファンをどんな会社にしたいと考えていますか。

武永　私はやはり、ブルームバーグという会社は非常に好きなのです。インターネットの世界で、日本発のサービスはほぼ皆無なのが残念な状況です。そんな中で、私は日本らしいグローバルニッチを実現したいと思っているのです。

　というのは、日本でも例えば特定の部品や塗装技術で世界№1とか、人が聞いたら「えっ？」と思うような部分で圧倒的なシェアの会社はたくさんありました。高度経済成長時代は特に顕著で、地方の中小企業に世界の名だたる企業が視察に来る時代もありました。しかし、生産拠点が海外に移転する過程で、どんどんグローバル化の波に押されてしまいました。インターネットの世界でも日本は完全に後手後手に回っています。最近やっと、ソーシャルゲーム業界で世界に出て行こうとする企業が出てきた段階です。

　私は、そうした日本の良さはもともとそこにあったのに、最近失われたと感じます。例えば、上場をしたらコングロマリット化して、人材部門があり、物販があり、インターネットもやってという形で事業を広げていくことが多いと思うのですが、そうではなく深掘りをしたい。馬鹿の一つ覚えみたいに突き詰めていけるのではないかと思っています。例えばネットの取引データでは世界ナンバーワンなど、人に「渋いね。確かにナンバーワンだけど君たちマニアックだね」と言われる、「グローバルニッチ」を体現したいのです。昔の日本はそういうところがあったと思います。

　ブルームバーグもそうですし、例えばアドビシステムズも大好きな会社です。文書ファイル形式の「PDF」や、画像加工ソフトの「Photoshop」、動画やゲームを表示する「Flash」など圧倒的にナンバーワンのサービスです。グローバルな超高収益企業なのに、誰がＣＥＯか会社がどこにあるかもほとんど知られていない。でも世界中でパソコンを使う人は、みんな無意識に必ず使っている。インターネットの世界で、そういう企業を目指したいですね。

菅下　オークファンは、徹底的にエッジの立った会社で行きたい。一日のうちの大半はオークファンサイトを見ていたという武永さんのその情熱ですね。

オークファンの社名の由来は「オークションのファンを集める」という意味ですか。

武永　そうです。もうひとつは「ファン」、風を起こすという意味もあります。ファンを集め、市場全体に追い風を起こす、世界に向かって風を起こしていくという意味もあるのです。

園田崇・ウフル社長

【プロフィール】

そのだ・たかし

１９７３年3月鹿児島県生まれ。早稲田大学政経学部卒業後、電通入社。南カリフォルニア大学でＭＢＡ取得。モルガン・スタンレー証券入社。日興シティグループ証券バイスプレジデント、ライブドア執行役員副社長兼メディア事業戦略室長を経て２００６年2月ウフルを設立、社長兼最高経営責任者に就任。

スワヒリ語で「自由」を表す社名

菅下　「ウフル」という変わった社名ですが、社名の由来はどういったものなのですか。

園田　社名はアフリカのスワヒリ語で「自由」という意味です。インターネットは自由なテクノロジーですから、その自由な発想を豊かに使って世の中の役に立つ事業を立ち上げたい、という思いを込めています。

菅下　「ウフル」という言葉は短くて言いやすいですね。

園田　ええ。でもみなさんからは「ウルフ」と言い間違えられるのですけれどね（笑）。

菅下　分かります（笑）。さてこのウフルの主要な業務・事業として、どんなことをやっておられるのですか。

園田　「クラウド・コンピューティング」の事業に特化したインターネットを使った企業の業務システムをつくる仕事です。例えば、顧客管理や会員管理、広告の管理といったものです。会社さんごとにこれらの仕組みがいろいろとあるのです。

そういったものを今までは全て各会社さんが手作りでつくっていたのですが、それを我々が基本的な土台はインターネット上に用意し、あとは使われる会社さんごとに改変し、比較的安い料金で使っていただいくと。

菅下　今までは自社で管理システムを構築していたのですね？

園田　ええ。あるいはシステム・インテグレータ（ＳＩ）さんがメーンでやられていた仕事です。しかし、ゼロからシステムを全部つくっていると、基礎工事の部分にお金が掛かり、お客様の実情に合わせて変える部分には余りお金が使えません。

そこで、この基礎の部分に関しては、共用のものを使ってしまえばいいのではないかということです。この供用部はセールスフォース・ドットコムやグーグルのグローバルなプラットフォームを使っています。

それを日本の企業向けに実際に使えるように柔軟にアレンジすれば安い価格でご提供できます。そういう仕事をしています。

菅下　実践で役に立つ、いろいろなコンサルティングを提供するということですね。しかもそれが比較的費用が安いと。

園田　そうです。安い上に柔軟につくれるということです。

菅下　そこがウフルの今までとは違う事業の強みですね。

園田　はい。建物でいうと、自社ビルをつくるか、あるいはビル会社さんの持っているビルの中でリースして使うかということに似ています。

その中で当社の立ち位置は、ビルの内装を変えたり、仕切りを変えて、ビルのイノベーション（革新）をするような事業者といったイメージですね。

菅下　なるほど。おおまかな事業内容は判りました。では、もう少し具体的に御社の主要な顧客がどんな企業で、どんな顧客管理や広告管理をやっているのかを聞かせてください。

園田　ものすごく規模の大きな大企業から、従業員が3人とか5人のような中堅・中小の会社も、ベンチャー企業もあります。約２００社がお客様です。というのは、人数当たりでいくらです、というような課金形態なので、大企業にとってもそれなりのコストで収まりますし、中小・中堅企業にしてみても、その企業で収まるようなコストになっています。

当社の商品の中で一番多い使い方というのは、例えば、営業マンの方が営業の進捗状況を管理するシステムです。つまり、どういうプロセスで自分の取引先と話が進んでいるのかというのを管理する仕組みで、「ＳＦＡ（セールスフォース・オートメーション）」といいます。

菅下　営業マンが最初に訪問してから成約に至るまでの過程については、各人が自分のパソコンの中に顧客データや資料を保管していますよね。そういうものをみんなで管理すると。

園田　ええ。要は、会社の中で営業マンが個人商店化しているところが多いので、それを企業の中で、うまくチームとして情報を共有していきましょうということです。

　例えば、一つのクライアントに対して同じ会社の複数の担当者が違う方向から攻めている場合があります。そのクライアントに対して、ほかの部門でこういう提案をしているということが分かれば、もっと効率的な営業ができますよね。

菅下　なるほど。大企業になればなるほど、みんな個別に動いているから、他の人が何をしているのか分からない。

園田　そうですね。当社の仕組みを使えば、重複のない効率的な営業ができます。

菅下　それ以外に管理業務や会員組織を持つ会社では会員管理がメーンになる？

園田　はい。世の中には「こうだったらもっと楽に管理ができるのに」と現場で思われている企業の情報システムがいっぱいあります。

例えば、ウェディング業界のプランナーの仕組みやＩＲ（企業による投資家に対する広報活動）での機関投資家の面談の管理など、エクセルの表などを使って管理をしていたと思いますが、現場の「知恵」を集めれば、低コストでいい情報を共有する仕組みがつくれるのです。

菅下　ウフルの顧客リストを見ると、大和証券投資信託や全日空、ソフトバンクＢＢといった企業名が出てきます。

こういった企業は企業組織もしっかりしたところですが、どうしてウフルがやるようなことができないのですか。

園田　まず当社では、セールスフォース・ドットコムという世界で最も普及しているグローバルなプラットフォームを使っています。企業が自社でセールスフォースを使うためには様々なノウハウが必要になります。

これ自体は、いわゆる更地《さらち》と言ったら変ですが、ある種「もの」としては使えても、その会社の実情に合った形に変えていかねばなりません。

菅下　加工が必要でウフルにはその加工能力があるのですね？

園田　はい、加工と再販売ですね。この両方を単一の企業が行うのは簡単ではありません。加工に関しては簡単なことであればご自身でできますが、会社の業務フローに合った仕組みにするためには、独自のノウハウが必要になってくる。我々はそこをやっています。

クラウドを使って営業を効率化

菅下　ウフルはそれに強みがあるということですか？

園田　そうです。これで創業して6年で、２００社、４００件の実績ができました。

菅下　すごい勢いですね。社員は何人ですか。

園田　今、約50人です。

菅下　全員がインターネットの技能集団になるのですか。

園田　約25人がコンサルタントで、会社訪問して具体的に何を改善したいか、どういう仕組みが必要かをお聞きしています。残りの約20人が開発者です。

このほか、当社の強みは、社内の情報共有システムの構築です。いわゆるフェイスブックのようなものです。何の情報をどう追いかけるかは個人の能力に依存しているので、必要な情報は分かっていない社員が会社の中では実は非常に多いのです。

菅下　２０００人の営業マンがいた場合、１人ひとりの持っている情報を会社全体が共有できれば強いですよね。

園田　そういうことです。ですから、このシステムを使えば、ＩＴの良さを仕事に活かせることになります。今までインターネット上の情報共有というと、どこか専門的で空を掴むような話でした。

ですから、そういったシステムをつくるために専門の部署が何年も掛けてつくっていたというのが、大企業の基本的なスタンスだったのです。

菅下　それがもっと簡単に実用化される？

園田　ええ。数カ月でどんどんつくっていけるようになる。

菅下　社員がパソコンやiPhoneを持っていれば、社員全員が情報を共有できることになりますね。

園田　そうです。要は、インターネットに繋がれば、スマートフォンでもタブレット端末でも機器は問わず、時間も問わずに、必要な情報にアクセスすることができます。

菅下　なるほど。そこで二つの質問があります。一つ目の質問は大企業になればなるほど社員数も多いし、１人ひとりが顧客情報や営業情報を持っているわけですが、それを会社として共有するためにウフルが特別の加工をするのですか。

園田　例えば、Ａさんはここまで見てもいいけれども、ＢさんはＣさんのものを見てはいけないといった加工ですね。

菅下　そうすると、例えば、同じＸという顧客に対して、３人の営業マンが営業していることが分かれば、社内で協議して一本化しようといったジョブにもなりますね。

　その場合、このＸという会社にとっては、かなり重要な情報をウフルが知られることになると思うのですが、情報管理はどうやっているのですか。

園田　まず、セールスフォース自体が「ＳＡＳ７０ＴｙｐｅⅡ」という米国の公認会計士協会で最も厳しい監査認証を取っています。セールスフォースの社員であっても、クライアントの情報にアクセスすることには、ものすごく制限が掛かっているということです。

それを担保しているため、例えば日本で言うと、ゆうちょ銀行さんや、みずほ銀行のプライベートバンクさんといった方々が、そこに情報を置いているのです。当然、そうした企業の重要な情報をインターネット上に置くことの是非に当たっては、5～6年ほど前から議論があり、1～2年掛けて一つひとつ問題をクリアしてきています。

また、当社も当然、情報をお預かりする立場なので、例えば「プライバシーマーク」を取得し、契約に基づいて必要最低限の情報にだけアクセスする体制を取っております。

ですからシステムを置いてある場所には当社もアクセスできません。加工時間だけアクセスできるようになっています。

菅下　きっちり情報管理が行われているシステムが出来上がっているということですね。

さて二つ目の質問はセールスフォースといったグローバルなプラットフォームを使

ってサービスを提供しているのがウフルの強みということですが、ライバル企業はどこになりますか。

園田　競争という視点で重なってくるのが、手作りでゼロからシステムをつくるＳＩですね。ＳＩの大企業はいろいろありますが、全社がインターネットに移るわけではありません。

例えば、インターネットにも限界があって、発券や銀行の勘定といったものは、インターネットには移行しません。ただ本来、大手企業はそちらの方をカバーし、当社のような会社がもっと柔軟につくった方がいいものをカバーするといった棲み分けがあるべきだと思うのです。

しかし、まだボーダーのような案件が結構ありますので、そういったものに関して大手企業は全部手作りでつくった方がいいとするのに対し、当社は有り物を使って安くつくった方がよくありませんか、というご提案をしています。

例えば、住宅加工メーカーとゼネコンがある意味での競合関係ということになりますが、根本的なアジェンダはやはり違うのかなと。それと同じようなニュアンスですね。

菅下　明確なライバル企業というものはあまりない？

園田　そういった意味では日本にはありませんね。海外ではアクセンチュアさんの一部門がやっていたりする例はありますが、専業はないですね。

菅下　企業分析をやっているコンサルタント企業ですから、そういった企業の一部門にはあるということですね。

園田　ええ。ですからクラウド専門のコンサルティング会社はあまり多くありません。日本の個別のローカルな事情を汲んで、グローバルなプラットフォームの上でやるビジネスモデルとしては、当社がオンリーワンに近いと思います。

ただ、逆に言うと、インドネシアに行けばインドネシアの事情、タイに行ったらタイの事情があるので、プラットフォームはグローバルなものを使って、クライアントの事情やインダストリーの事情はローカルでやる、ということだと思います。

菅下　では、国内のマーケットで顧客・案件を拡大していくという方針ですか。あるいはアジアといった海外にも展開しようと考えているのですか。

園田　実際に今日本でやっている案件でもありますが、当社のお客様の企業で、例えばアジアに進出する場合、急には情報システムを持っていけないというケースが結構増えています。
そこで当社はサポートでの海外進出を視野に入れています。これはもう実際に作業もしています。ただ、取引している商談の窓口が現状日本というケースが少しずつ出てきています。

菅下　取引企業を通じて海外に進出していく可能性はある？

園田　むしろ、進出していっています。ただ、実際に当社が支店を構えて、そこで人を雇用してということで言うと、そうではなく、インターンとして国内で一時的にその国の方を採用したりするくらいです。

菅下　中国はどうですか。

園田　中国は考えていないですね。インターネットにつながっていない国なので。中国はインターネットではなく、独自の国内ネットワークなのです。それが良いか悪いかは別ですが。

菅下　中国はドメスティックということですね。

園田　はい。閉ざされたネットワークです。

菅下　では進出する国として挙げるのはどんな国ですか。

園田　例えば、ベトナム、インドネシア、フィリピンですね。

菅下　インドは？

園田　インドはタタ・グループさんというローカルながらすごく強いプレーヤーがいるのであまり考えていません。

菅下　ローカルなビッグプレーヤーのいる国やインターネットがドメスティックなネットワークの国は除く？

園田　ええ。そういった国を除いた上で、日本との経済的な関係がある国ですね。それから国内市場を見据えた場合には人口構成ですね。

菅下　比較的に人口の大きい国ということですね。

園田　はい、そうです。消費環境を見ても市場として意味がないと、当社のサービスは生産の仕組みではありませんので必要とされませんからね。

菅下　タイもいいかもしれない？

園田　ええ。タイもそれなりに経済の段階が発展しているので、日系の大手企業さんも進出しているのでいいと思っています。

菅下　では、ウフルから見て有望な海外マーケットというのは、ベトナム、インドネシアですか。

園田　そうです。特にベトナムでしょうね。ですから、当社ではベトナム人向けの採用活動などもしています。

創業3年目から黒字

菅下　分かりました。ウフルは「ＩＴ時代の最先端ビジネス」を行っているわけですが、ウフルの特徴は、２～３人の小さな商店から、大和証券のようなビッグエンタープライズまで会社規模を問わず、あらゆる企業の支援を行っていることですね。それはセールスフォース・ドットコムといったプラットフォームの場を借りて、各企業の規模に合わせる加工技術をウフルが持っているからですね。

園田　そうです。インターネットの技術やスピード感と、各企業の個別事情のバランスを常に取っているということです。

菅下　例えば、顧客５０００人を抱えているＡという中小企業が顧客に商品を売っている場合で、Ａ社の社員が10人ぐらいで一生懸命営業しているという時に、ウフルにコンサルティングを頼んだら、具体的にどんなサービスが受けられますか。

園田　まず、どの情報を誰がいちばん必要としているかを整理します。こういったことは結構、整理されていないのです。

例えば、会社の経営層にこういう情報が必要ですとか、それでその情報はいつ、どういう形で渡されているのか。マネージャーや中間管理職の方はどこまで知っていなくてはいけないということもあります。

最初にヒアリングをして、各営業マンや中堅幹部の方、経営トップ層の方々に、どうだったら便利なのかをまずはお伺いします。そうすると、変な言い方ですけれども、必ずコンフリクト（競合）があります。それぞれの立場がありますからね。

そこでどうやったらそのコンフリクトを解消できるか、ということを具体的に当社内で考えた後、このアウトプットはいかがでしょうかと、アウトプットのイメージをご説明します。

このグラフを見られたらいいですかとか、この表を共有したらいいですか、といったイメージを共有してもらうのです。

菅下　例えば、私の場合、今まで名刺交換をした人が仮に３０００人いるとした場合、もちろん私個人で全部をカバーできていません。せいぜい２００人ぐらいと接点がある程度です。
そうすると、この３０００人の名刺の中に、ポテンシャル（潜在力）のあるクライアント（顧客）を見逃している可能性が多分にあるわけですが。

園田　例えば、３０００人の中で、いつも連絡を取る必要はないのですが、四半期に一遍、あるいは半年に一遍、通話や通信を送っておいて、何か相談があったら来て下さい、というようなことを薄くやっておいたりすることもできるでしょうね。

菅下　では、私がこの3年間に名刺交換したファイルをお渡しして、この人たちを中心に「スガシタレター」という形でメール会員組織を独自でつくるという場合でも支援してもらえるのですか？

園田　ええ、そういうことは支援できますし、そういった支援依頼が多いですね。

菅下　これはすごいですね。その場合、料金システムはどうなっているのですか。

園田　１ユーザー様当たり、月額１万５０００円です。毎月費用がかかるのはメンテナンスをするからです。
ただ、機能の面で、必要な機能と不必要な機能があって、もっと廉価にもなりますし、高くもなります。ただ標準なものがあって、あとはご要望をお伺いし最初に初期費用の工賃としていくら掛かるかを計算します。

菅下　それでは一度、ウフルさんにコンサルティングをしていただかないとね(笑)。

園田　それは喜んで(笑)。

菅下　私も毎日、毎週、毎月いろいろな人に会います。先日も講演で20名ぐらいの方々と名刺交換をしましたが、なかなかフォローアップができない。

しかし、ウフルさんのシステムを使って次に会ったら顔も覚えていない人も含めて、「菅下データ」といったメーリングリストにして無料でメールを配信して、その中で有料会員組織を将来つくれれば、毎月会員費を得られることにもなりますね。

さて、話を戻しますが、新たなシステムを構築する初期費用と毎月のライセンス収入がウフルには入るということですが、その収入は最初の10社や20社では小さい金額だけれども、１０００社、１万社になると安定収入になりますね。

園田　そうですね。

菅下　そうすると、創業何年目から黒字になったのですか園田　4期目からです。1年目は、ほとんど事業をやっていませんからね。その意味では3年目から黒字になっています。

電通から米国留学、そしてライブドア副社長に抜擢

菅下　すごい早さですね。ベンチャー企業は大体数年間は業績に苦しむものですが。園田さんがこういうビジネスを始めたきっかけを聞かせてください。

園田　私自身もともと大学を卒業して電通に入社しました。そこでいわゆる広告営業の仕事をしていまして、仕事をしながらマーケティングの勉強もしていました。その勉強をしていく中で、自分で起業したいという気持ちが強くなりました。

実際に起業しようと思った時に、やはりファイナンスのことが分からないと、なかなかうまくいかないと思ったので、会社を辞めてビジネススクールに行ってＭＢＡを取得しました。

菅下　何歳の時ですか。

園田　29歳の時ですね。

菅下　すごい決断ですね。電通という会社を辞めてまで…。

園田　電通は私にとっても大好きな会社でした。ですから今も出資してもらっています。

菅下　辞める時も友好的な関係を構築していたのですね。

園田　今も相当よい関係でお付き合いさせていただいています。

菅下　ＭＢＡは、どこの大学で取得したのですか。

園田　南カリフォルニア大学（ＵＳＣ、University of Southern California）で2年間通いました。

菅下　もともと英語は話すことができたのですか。

園田　全く話せません。

菅下　それでは語学能力はゼロでアメリカに渡った？

園田　そうです。やはり語学は難しかったですね。アメリカで必死に英語を勉強しました。

菅下　ＭＢＡを取得した後、日本に帰ってきたのですね？

園田　その前にＵＳＣのビジネススクールに通いながらゴールドマン・サックスで

インターンをしました。金融の世界の実務をしっかり知る価値があるなと思っていましたので、投資銀行のインターンを選びました。

菅下　面白かったでしょう？

園田　ええ。それで、日本に帰って来て、モルガン・スタンレーの債券部に入りました。マクロ経済は面白かったですね。

その後、会社のトップに近い仕事がしたいと思っていたので、日興シティグループへ移り、ＩＲチームで会社のＣＥＯやＣＦＯといったトップの方々にＩＲ支援する部門のニューヨーク駐在員になりました。

毎月日本からいらっしゃるＣＥＯやＣＦＯの方をアテンドして、機関投資家とのミーティングにも出させていただき、議事録をつくって休憩時間にブリーフィングするといった仕事をさせていただきました。

そういった仕事を通じて、会社の経営のことを2年間ぐらい学ぶことができました。それが30歳前後のことです。

菅下　それをやりながら起業のチャンスをうかがっていたのですか。

園田　そうですね。それである時、ＩＲのお客様としてライブドアの堀江（貴文）

さんが来られました。ずいぶん若い人が社長になる時代になったのだなと当時は思いましたね。

菅下　ショックでしたか？

園田　ええ、ショックだったですし、一方で勇気づけられるという面もありました。やはり同い年なのでね。頑張ればこのようになれるのかな、というような気持ちにもなりましたね。

菅下　当時は日本も変わったなというムードがありました。

園田　はい。その後、彼が日本に戻った後、プロ野球球団の買収話がありました。それで本当に、堀江さんはアクティブにいろいろなことをやっているなと思いましてね。じゃあそろそろ自分も一旗揚げようと思っていたところ、日本に転勤で帰ってくることになったのです。

帰国後、例のライブドアによるニッポン放送株の買収騒ぎがありました。それで堀江さんには親しい気持ちを持っていたので、両社の温度差が大きすぎると感じ、和解させる仕事が自分にできないか思って堀江さんに連絡したら「明日から来てくれ」と言われ、翌週からライブドアの執行役・副社長・メディア事業戦略室長になりました。

菅下　展開が早いですね。

園田　そうなんです。それで1週間後に日興シティを退職して、ライブドアの役員になりました。メディア事業戦略室では事業提携や新規事業といった既存のメディアと応対する事業を手掛ける部署でした。

菅下　園田さんの流れでどんどん行ったという感じですね。

園田　２００５年当時は時代が流れていましたからね。

菅下　堀江さんに会っていなかったら、既に園田さんは起業していたかもしれませんしね。その後、ライブドアは上場廃止になりますが。

園田　その前にライブドアは辞めました。というのも、ニッポン放送株の件で和解が成立したからです。ライブドアにいる間も当然、何をやって起業しようか、ということを考えていましたからね。

ただこの会社で驚いたのは、やはりインターネットというものは素晴らしいなと。ライブドアはインターネットをフル活用している会社でしたからね。

菅下　インターネットそのものの会社ですものね。

園田　そうです。2005年の段階で既に会社に電話がありませんでした。社員は誰も電話を持っていなかったのです。全部インターネットベースでのコミュニケーションをお客様と行っていました。メールもチャットも全部そうです。

菅下　PCか携帯ですか。

園田　両方です。しかも3カ月前に考えた事業がすぐに収益を上げることもありました。やはりインターネットというものがものすごくスピードが速くて、会社もそれを地で行くような速さだということです。

自分は広告や金融の世界にいただけで、こういった世界にはいませんでした。それでどちらも良いところ、悪いところがあるなと思いました。

また、自分のようにこの両方を体験している人はあまりいないと思いました。ですから、その間をつなぐような、つまりインターネットとリアル社会の両方をつなぐようなことをやれば、何をやってもうまくいけるのではないかな、と思ってライブドアを退職したのです。

その2週間後ぐらいに例のライブドア事件が起きました。

菅下　それはまた運が良かったですね。ライブドアにはどのくらい在籍していたのですか。

園田　９カ月ですね。

菅下　ライブドアを退社するまでのスピードが、まさにインターネット並みですね。

園田　あの時代にフェイスブックも創業していました。05年当時はＩＴ企業の根が世界中に出来ていたのです。05年12月末でライブドアを退社するまではすごいスピードで自分の人生が進んで行きました。

そこでの生活が始まり、人生のスピードがものすごく速くなってしまったので、会社を辞めることで、もう一度自分のペースに戻したということです。

菅下　その後、ウフルの創業になるわけですね。

園田　ライブドアを辞める時に、気に入っていたことが二つありました。一つは、やはり堀江さんはすごく自由な存在だったので、自由というものはいただきたいということです。

菅下　ではスワヒリ語で「自由」を意味するウフルという社名はご自分で考えたのですか。

園田　インターネットの世界ではドメイン（インターネット上の住所）が大事なのですが、「自由」をどんどん打ち込んでいったときに、「ウフル」が出てきて気に入りました。それでこの名前を選んだのです。

菅下　最初のオフィスは、どこに構えたのですか。

園田　東京・恵比寿です。

菅下　社員は何名？

園田　最初、３人ですね。３人とも、もともとライブドアにいた人たちです。２人が役員なので、３人でウフルを創業したということになります。

菅下　現在の売り上げは公表しているのですか。

園田　いいえ、公表していませんが、前期の売り上げは大体3億円ぐらいでした。

菅下　創業して6年ですよね。売り上げ10億円はいつ頃達成したいですか。

園田　13年ぐらいですね。

菅下　そんなに早い？

園田　毎年、イヤー・オン・イヤー（year on year、前年比）で売り上げが倍で増えていますのでね。12年の売り上げはもう7億円ぐらいです。

菅下　毎年倍の成長ですね。ということは、この調子でいくと売り上げ50億円、100億円企業も夢ではありませんね。

園田　もちろん、そうしたいと思って頑張っています。

インターネットとリアル社会をつなぐ架け橋に

菅下　それでは、世界の、とりわけ欧米のインターネット・ビジネス、例えば、フェイスブックやグーグルを見て、園田さんはどんな企業になりたいと考えていますか。

園田　やはり自分のどこを掘り下げても、インターネットの社会の中で生きている自分があり、それとは離れたところの部分が、私のパーソナリティー（個性）だと思っています。

ですから、常にリアル社会とインターネットの間をつなぐ立ち位置で、インターネットにまだつながっていない会社さんやインターネットを用具としてあまり取り入れられていないような企業さんや個人の方にもっとネットを使っていただいたら便利で、より自分のやりたいことができるということを味わっていただきたいと思っています。

逆に言うと、インターネット側はインターネット側で、ネットの論理で閉ざされていることが多いというか、どうしてネットゲームが利益を上げているのか、といったことがよく分からなかったりします。

それが良いとか悪いとかではなく、むしろ違うものが結びついて、より次元が高いものができてくるのではないかな、と思っているのです。ですから、それを一つずつ実証していくような会社にしたいなと。

菅下　リアルの社会も、これからの時代には、必ずインターネットを取り入れていかねばなりませんから、その接点になるような企業ということですね。

園田　はい、そうですね。インターネットを技術と捉えるか、文化と捉えるか、ということで言うと、私は文化と捉えたいと思っているのです。

ですから、基本的にはどうやって「集合知（複数人の知恵の集合）」にしていくか、ということだと思うのです。それは会社の中の集合知かもしれないし、社会全体の集合知かもしれない。あるいは友達の間での集合知かもしれません。それを一つずつ実現できれば、そこに必ずビジネスチャンスがあると。

菅下　今のインターネットの世界で最先端のビジネスモデルと言うと、フェイスブックのようなＳＮＳのプラットフォームになりますね。

インターネットを通じて世界から何億人、何十億人と集まってくる。新しいプラットフォームをつくることが一番のスタービジネスとなっているわけですが、そういうビジネスを園田さんがやる可能性はありますか。

園田　もちろん、やれる可能性はあります。まず今、プラットフォームと言っているのは、どこまで行ってもウェブサービスだけだと思うのです。

しかし、例えばフェイスブックとトヨタ自動車さんが結びついたり、いわゆるウェブをＰＣで見るというより、ウェブ以外のところとインターネットが結びついていくとも思います。

そうすると、違うプラットフォームが必要になってくる。今はウェブサービスだけでバーチャルな世界です。それがもっとリアルなものに寄って行くと思っています。そこでは別のプラットフォームが必要になってくると。

菅下　その別の新しいプラットフォームを将来、ウフルはつくる可能性があると。

園田　もちろんです。ですから今、当社はそういったことをやっています。最初は中高年向けのＳＮＳでした。現在も継続中ですが、その時のコンセプトとして中高年の方にこそ、ＳＮＳをやった方が絶対人生が楽しくなると。ニーズもありますし、実際、今後の高齢化社会を考えた場合に、ビジネスとしても非常に有望ではないかと思っていたのです。

要は、中高年向けのマーケティングが、企業のニーズとして必ず出てくるからです。ただ少し時代が早すぎました（笑）。タブレット端末もありませんでしたし、スマートフォンもなかった。しかも、パソコンのキーボードが打てないというところからつまずいてしまいました。

最初はパソコン教室回りなどをしていたのですが、ちょっと早すぎました。でも、基本的にやりたいことが、そういうものであることに変わりはありません。

菅下　是非とも園田さんには新しいプラットフォームをクリエイトしてもらって、

バーチャルだけではないものを世の中に生み出して欲しいですね。

さて、先ほど園田さんの非常にスピーディーな人生を振り返っていただきましたが、現在、日本の学生は大企業を40社受けて全部通らないということで非常に就活に苦しんでいます。

園田さんは電通という学生たちが憧れる会社を早々と辞めたということで起業意識も強かったと思うのですが、大企業志向の強い日本の学生へのメッセージをいただけますか。

園田　何でその仕事をしたいかを考えると、本当にそうなのかなと思うことがたくさんあると思います。親がこの会社がいい、といったバイアス（偏見）もあるし、学校のクラスメートのバイアスもあったりする。

菅下　評判を気にするわけですね？

園田　ええ。ですから、まずそれは1回ゼロベースで考えていただきたいというのが、1点目です。

2点目は、そもそも、多分みなさんもそうだと思うし、私もそうなのですが、若いという時点ですでに数が少なく貴重なリソースなので、本当は必ず買い手市場のはずです。彼らを貴重な人材だと思わない、あるいは思っていない会社はあるはずがありません。

そもそも優秀で若い人や、やる気がある若い人を採りたいというスタンスは、どの会社にも強くあると思うのです。ですから門戸を広げていらっしゃるわけですが、なぜ入れないのかというと、やはりコミュニケーション・ギャップだと思うのです。

本当にその人がやれることや、やろうとしている気持ちを面接の時に伝えきれなかったり、自分の向いている仕事に出会う方法論を間違っていたりするということです。横並びでやっていても、結局、需給の問題で全員が大手商社に入れるわけではありませんからね。

そこを本当に自分がやりたいことは何かということを、もう一度ゼロベースで考える。そうすれば適職が見つかるのではないかと思うのです。現在うまくいっている会社でも、10年後や20年後もうまくいっているわけではありません。ですから、若い人にはもう一度考え直していただきたいと思います。

どうしても、足下の業績だったり、ブランドイメージということで会社を選びますからね。もちろんそれは仕方がありません。しかし、どういうエクスペリエンス（経験）ができるかということを、もっと重視した方がいいのかなと思います。

菅下　例えば、慶應義塾大学を卒業する人で、メガバンクかウフルかを選ぶかとなったときには、みんながメガバンクを選ぶ傾向にありますね。そういうメンタル（精神）を変えないといけないところがあるでしょうね。

園田　そうですね。ただ実際は変わってきています。有名大学卒業の学生さんが当社の採用試験を受けに来てくれたりもしているのです。

自分の人生の中期経営目標を！

菅下　メガバンクや大手商社も悪くないけれども、それ以上に、ポテンシャリティのある新しいＩＴカンパニーやネット企業がいいよ、という情報を学生さんにもっと知らせるべきですね。

園田　そうですね。今はツイッターやフェイスブックといったＳＮＳから当社の情報を見てくれています。ですからソーシャル発信力を、会社は高めなければいけませんし、学生さんはＳＮＳをベースに就職する先を選んでいます。

ツイッターやフェイスブックでその会社の経営者の考え方を知ったり、その会社の社員のブログを見て興味を持ったりしているわけですね。学生さんはずっと総合的に企業を見るようになっています。ですから、この1～2年で学生さんも熟度が増しているように思います。

菅下　生の情報を取っているわけですね？

園田　ええ。そうした上で、その会社が本当に自分に合っているのかいないのか、ということをもう少しリアル度を増して考えるようになっているのかな、という印象を受けます。

菅下　ＳＮＳでもっと現場の情報を取って、自分に向いた仕事、適職、職場としてステップアップに繋がる企業はどこか、ということをもっと調べるべきだということですね。

それからもう一つは園田さんが電通を辞めたわけですが、一たび大企業に入ると、なかなか辞めにくい状況になると思うのです。なぜなら失業することにはリスクがあって恐怖もある。しかし、園田さんの場合は、それを恐れなかった。

園田　はい。それは恐れるな、と言いますよね。というのは、大企業の中にいても、リスクは大きい。要は、結局はジョブスキル（業務上の能力）の問題というか、ご本人のマーケッタビリティ（市場性）の話になってきますからね。それをどう上げるか、ということですよね。

菅下　本人のマーケッタビリティを上げるために、園田さんはどういう努力をしましたか。

園田　私の場合は自分の中期経営計画をつくってきました。これからの将来、自分の会社の経営のために、どういう素晴らしいマネージメントチームを摘んでくるかとか、優秀で若い人材を登用して育て上げる社内のオーガニックな仕組みをどんどんつくるといったことですね。

または、私が今後結びつきを強めるべきだと思っているインドネシアやフィリピン、ベトナムのような国の若い才能に対して、どれだけ応援をしていけるか、といったことです。

これが私の中期経営計画の一部ですが、どちらかと言うと、経営者である自分と個人としての自分が重なっています。

経営者以外の自分は単純に2児の父親として、自分の反省も振り返り、子供をもう少し語学に関してはハンディがないようなマルチカルチャラル（多言語主義的）な人間に育てていこうとか、個人的に思っていることもいろいろあります。

今までは経営者というポーション（部分）がどうしても大きかった。会社の代表取締役ですのでね。最初はスキル（技術）の部分、その次はファイナンスが合わないと先に行けないから、ファイナンスだと。

菅下　園田さんは電通に入った時から自分の人生の中期経営計画を持っていたのですね。

園田　そうですね。ですから、僕は20歳で結婚したので、その時が自分の中での起業のように感じました。〝リアル起業〟というか、一つの中期経営計画をつくるきっかけになりました。

菅下　園田エンタープライズとしては20歳で起業した？

園田　そうです。要は、インカム（収入）がないと、会社は破産してしまいますからね。

菅下　大手証券会社に入ったら、そこで出世しようと思う人はいるかもしれないけれども、その会社で自分の5カ年計画や10カ年計画を練って自分のマーケッタビリティを高める。もしその大手証券会社を離れても、どんな職業にでも就けるという、その能力アップですね。

園田　そうですね。能力アップは必ずしも会社を移ることを意味していないと思います。

菅下　会社にいてもいい。そこで自分のマーケッタビリティを高めるための有力な手段として、25～26歳という若い時期にアメリカの大学に行ってMBAを取ることも自らのマーケッタビリティを高めますね。

園田　基本的にはそうですね。しかし今の若い人にはそういった動きが減ってしまっているようですね。私の場合はそういったことを経験しなければ、マスメディアの世界やマーケティングのことしか分からなかったと思うのです。そこでファイナンスにも挑戦したのです。

菅下　ファイナンスを勉強したことで自分のマーケッタビリティが高まるというのは分かるのですが、26歳というと園田さんもそんなに資金があったわけではないと思うのですが。インカムはなかったわけですね。

園田　はい。お金はかかりましたね。インターンの時にもらうバイト代ぐらいしかありませんでしたからね。

菅下　そのリスクは感じるじゃないですか。

園田　私の場合、自分の能力が上がらないことが1番のリスクだと思っていました。ですから何を失って何を得ているか、といつも考えるようにしているのですよ。ＭＢＡを取りに米国に行った時も、既に私は結婚していましたので、嫁はニューヨークのビルに住んで、私はロサンゼルスで学生をやっていました。その時は、嫁に稼ぎがあったので彼女に助けられました。

菅下　園田さんは文字通りゼロからの出発をしていて、3年後、あるいは5年後の自分の中期人生目標を立てて、自分のマーケッタビリティを高めていったということですね。

園田　そうですね。やりたいことをやれるようになるためですね。お金だけではありません。

菅下　そうですよね。だからこそ、一つの具体的な例として、園田さんの場合、結婚しているにもかかわらず、電通を辞めて南カリフォルニア大学で2年間勉強した。勉強している間は、先は見えていないわけですから。ですから、リスクの上を走っているようなものですね。もしかしたら、英語能力が足りなくて卒業できなかったかもしれないし。

園田　そういう人もいますからね。でも3年ぐらい先であれば、みんなイメージできるはずだと思うのです。そう考えると、目の前にチャンスはいっぱい転がっているのです。それをどう取るかということが大事ではないでしょうか。

吉松徹郎・アイスタイル社長

【プロフィール】
よしまつ・てつろう
１９７２年千葉県出身。96年東京理科大学基礎生物学部生物工学科卒業後、アンダーセンコンサルティング（現アクセンチュア）入社。99年株式会社アイスタイル設立、社長に就任。２０１２年3月8日東証マザーズ上場。

異常に高かった化粧品の広告費に注目

菅下　アイスタイルは、どんな仕事をされているのか、まず事業内容から聞かせて下さい。

吉松　私たちは、「＠ｃｏｓｍｅ（アットコスメ）」という口コミのサイトを軸に、化粧品業界の新しいマーケティングの仕方、バリューチェーンをつくろうとしている会社です。

菅下　「＠ｃｏｓｍｅ」というホームページがある？

吉松　はい。化粧品の口コミサイトですね。

菅下　その口コミサイトは、誰でも見られるのですか。

吉松　誰でも見られます。

菅下　無料で？

吉松　はい、無料です。例えば、イメージとしては、アマゾンドットコムの書評がありますよね。あれの化粧品版だと思っていただければ良いと思います。

菅下　レビューみたいな情報がたくさん見られる？

吉松　そうです。

菅下　アマゾンドットコムの書評のように、化粧品について、いろいろのことをサイト上で、みんなでおしゃべりする、というイメージですね。そうすると、サイトを見に来る人は女性が多いですね。

吉松　99％が女性です。

菅下　「@ｃｏｓｍｅ」は、いつ頃スタートしたのですか。

吉松　１９９９年です。ですので、もう13年前になります。

菅下　けっこう歴史があるんですね。

吉松　そうですね。１９９９年の12月３日です。この日のことは、今でもよく覚えています。

菅下　アイスタイルを始める頃、吉松さんは、化粧品会社にいたのですか?

吉松　いいえ。そうではなく、最初は、アクセンチュアに就職しました。当時はアンダーセンコンサルティングという社名でしたね。

菅下　外資系コンサルティング会社にいたのですね。なぜ「@ｃｏｓｍｅ」を始めようと考えたのですか。

吉松　わたしが社会人になったのが１９９６年で、就職氷河期が始まった第一期生という状況でした。東京銀行と三菱銀行が合併したり、翌年には山一証券が倒産したり。そうしたことが社会人になって、次々と起こっていました。

菅下　バブル崩壊後ですね。

吉松　そうです。もう本当に就職がとても厳しい時期でした。ただ、実はもう一つ面白い局面があります。ウインドウズ95が出た翌年、社会人１年目になっているんです。

　ですので、ＳＦＣ（慶應義塾大学湘南藤沢キャンパス）の１期生、２期生が大学を卒業して、少しずつ個人で、ネットを活用するような世代が社会に出てくる時期でした。

　それで、99年は、ｉモードが出た年で、ネットに触れる機会が増えてきて、ドメインや自分の名前をネットで検索してみたりするような時期でした。

菅下　多くの人が、ネットに関する仕事ができないか、と思っていたわけですね。

吉松　そうですね。それで、仲間の１人が化粧品のメールマガジンを出して、コスメ・ネットというものを検索してみたら、空いていた。つまり「コスメ」というドメインが空いていたわけです。
　何で空いているのかなと考えてみたら、「コスメ」が和製英語だったことと、当時は女性のネット利用率が１～２％と言われていた時代で、化粧品という存在に、まだ気付いていなかったからです。
　当時は「まぐまぐ！」の購読者が１００万人になりましたとか、そういう時代だったので、化粧品というところまで、まだ気付いていない人が多かった。

菅下　それで「コスメ・ネット」を検索したら、まだ登録されていなかった。

吉松　はい。それで、ドメインが通ったので、ちょっと調べてみようと思い始めたのがきっかけです。

菅下　それで商機ありと見たわけですね。

吉松　実際に調べてみて、起業しようと思った一番大きな理由は、化粧品業界はマーケティングコストが異常に高い業界だったからです。
　当時で６兆円と言われた広告宣伝費のうち、１位が食品、２位が化粧品、３位が清涼飲料でした。食品業界の市場規模が７兆円で、広告宣伝費が４千億円を切るくらいですから、市場規模のおよそ５％程度が広告費です。飲料業界は、４兆円のマーケットで２８００億円、７％程度の広告宣伝費です。

それが化粧品ですと、１兆５千億円市場で、広告宣伝費が３４００億円。売上の20％以上を広告費に使っているんです。他の業界に比べて、べらぼうに高い。

それで、インターネットで何が変わるかというと、コミュニケーションが変わるわけです。広告宣伝費とは、企業とユーザーのコミュニケーションコストですよね。

例えば、わたしが、こうやって菅下さんにお話をさせていただいた時「この商品を発売するんですよ」と言ってもお金はかからないのに、わたしが資生堂の社員として「この商品が出るんです」と言った瞬間に、テレビや代理店が入ってきて、３千億円を取っているわけです。

しかも、テレビ、新聞、雑誌、ラジオの四大媒体のうち新聞とラジオはほとんど使わない。

化粧品業界を調べれば、実は10年間、成熟産業で、今やもうマイナス成長になっています。ということは、マーケティング効率を良くしていくしかない。

化粧品の広告が１％ネットに登場すれば30億円、10％登場すれば３００億円の規模になります。それで、化粧品だなというところで、化粧品をターゲットにしようと決めました。

菅下　ネットを利用すれば、膨大なマーケティングコストを下げることができる。そこに、ビジネスチャンスがあると思ったわけですね。

吉松　おっしゃるとおりです。

菅下　そこで、アクセンチュアにいながら、コスメ・ネットを始めた。

吉松　はい。アクセンチュアにいた頃、5月のゴールデンウィークに事業計画を作って、2週間後には会社を辞めました。

ところが、不思議な会社で、会社のほうから「わかった。6カ月間休職しろ」と言われたんです。

菅下　ネットで化粧品関連の事業を立ち上げる、と言ったら？

吉松　そうです。当時は、まだ会計士の資格を取るための6カ月の休職制度が残っている時代だったので、その制度を持ち出してきたのです。

会社側としては、失敗するだろうから、いつか戻って来いよ、待っているよ、という感じで、休職させてもらったので、6月が終わった頃には、会社に行かざるを得なくなり…。

菅下　幸運でしたね。

吉松　そうですね。非常にありがたいことでした。でも、その後には、その制度を使って何か休む人が増えてきて、その制度はなくなりました。

菅下　そうすると、その制度で給料をもらいながら、新事業を立ち上げてきた。

吉松　いいえ、給料はくれません。

菅下　すると、創業資金はどう工面したのですか。

吉松　アットコスメのドメインを取れたのが4月で、5月のゴールデンウィーク中に事業計画を書いて、創業資金の準備がまったくできていない状況でした。

それで、6月5日に結婚する予定だったので、親から借りた結婚式の資金と新婚旅行のためのお金もあったので、ボーナスも合わせると、創業資金分のお金はまにあったので「これは神様が会社をつくれと言っているな」と思って、新婚旅行をキャンセルして、有限会社を立ち上げました。

化粧品ユーザーのデータベースが集まる仕組み

菅下　アイスタイルは「＠ｃｏｓｍｅ」というサイトをつくって、10年以上経っていますが、どれくらいの集客力があるのですか。

吉松　月間で５００万人以上です。

菅下　ひと月に５００万人以上の女性が、サイトを見ている。

吉松　はい。日本には６千万人の女性がいて、20代以下を除くと、10人に１人が毎月見にきてくれているサイトになっています。

菅下　無料で見られるとのことですが、有料会員はいないのですか？

吉松　今は少しずつ増やしていますが、基本は企業のマーケティングなので無料です。

菅下　月間５００万人のユーザーがいるので、化粧品会社や女性向けの商品を作っている会社が「＠ｃｏｓｍｅ」に広告を打つわけですね。

吉松　はい。

菅下　主な収益源は広告収入になりますか。

吉松　はい。ただ、広告と言っても、昔のように、バナー広告ではなく、より高度化してきています。

もともと、私がこのサイトをやりたかった理由なのですが、例えば、資生堂さんが新商品を開発したとします。資生堂さんがその商品をリニューアルする時は、その商品を使ったことがあるお客さまに意見を聞きながら商品を改善していきますよね。

そのお客さまデータは資生堂が持っていますが、大事なのは、その商品のライバルである、カネボウの商品を買った人に「なぜ、カネボウだったのですか」と理由を聞くことです。

理由がわかれば、どうすれば資生堂の商品を買ってもらえるか手を打つことができます。しかし、ライバル社の商品を利用しているお客さまデータはライバル社が持っている。そうすると、いつまで経っても自社のお客さまデータしか取れない。

菅下　なぜ資生堂の商品より、カネボウの商品が売れるのかが分からないわけですね。

吉松　ええ。では、どうするか。口コミは、買ったことがある、使ったことがあるので、書くことができるので、あくまでも擬似的な購買履歴データを採るため、他のメーカーのお客さまデータを集めるプラットホームとして、口コミデータベースを始めたのです。

だから、おしゃべりサイトというよりは、お客さまデータベースのサイトです。

私たちのサイトへ来ていただいて、カネボウの商品について１００人が口コミに書いてある、資生堂の商品に１００人の口コミが書いてあれば、それはカネボウの商品を使った１００人のお客さま、資生堂の商品を使った１００人のお客さまのデータベースと言えます。

ですので、例えば、この人たちだけにアンケートをしたい、インタビューをしたいということもできますし、特定の人たちだけに広告を打つこともできます。

顧客データのプラットホームをネットに作ることを目的としていたので、広告とマーケティングの両方をやっています。

菅下　アイスタイルのサイトを見に来ている人のメールアドレスなどは、すべて把握している？

吉松　全部は分かっていないです。ただ、口コミを書くには、登録しないと書けないので、登録した瞬間に、アンケートやインタビューができるようになります。登録によって、他のメーカーの商品を使ったお客さまデータベースがどんどんできてくる、というサイトです。

菅下　そうすると、単に口コミのプラットホームを提供するだけではなくて、例えば、アイスタイル自身が、新しく出た資生堂の化粧品についてのアンケートを採ったりする。

吉松　はい。

菅下　その結果をデータベースにして、広告スポンサーに渡すわけですか。

吉松　そうですね。逆に、発売されている商品の口コミを使った調査から、広告など、すべてやっています。ですので、バナー広告のように広告スペースを売っているというよりも、企業と顧客とのコミュニケーションを売っている。

菅下　広告といったらバナー広告みたいに〝枠〟のようなものを想像します。でも、アイスタイルはそうではなく、データを売っている。

吉松　そうですね、データを軸にした、人との接点ということです。

菅下　人との接点。それを、例えば資生堂が買うわけですね。その値段は、どう決まるのですか。

吉松　価格は、広告料とセットになります。

菅下　セットでいくらと決めている。

吉松　大体決まっています。いろいろな商品を組み合わせる形になっています。ですので、例えば、資生堂からすると、昔は雑誌に３００万円の広告費を出していた。でもそれは、20代の人が読んでいるであろう雑誌向けの広告だった。それが「＠ｃｏｓｍｅ」なら、同じ３００万円を出せば、カネボウのこの化粧品を使って、良く言っている人と悪く言っている人に分けて、広告を打ったりすることもできる。では、どちらのほうが価値があるのか、ということになってきています。

菅下　従来の広告媒体より、もっときめ細かいサービス広告が出せると。

吉松　そういうことですね。

ネットから実店舗の運営まで

菅下　アイスタイルの売上げは、どのように推移していますか。いわゆる黒字になったのは、創業何年後くらいですか。

吉松　3年目です。

菅下　比較的、早いですね。

吉松　1年目の売上げが9千万円、4千万の赤字でした。2年目で売上げが1億円に行きましたが、8千万円程の赤字になりました。それで3年目で売上げが2・2億円になって、ようやくトントンになったという感じです。
菅下　それで、4年目くらいから次第に黒字になっていくと。
吉松　そうですね。
菅下　売り上げベースでも、利益ベースでも、成長率は、年率ナンパーセントくらいできていますか。
吉松　年率20％くらいでずっと来ています。売上げが10億円になるまでに6年かかりました。そこから20億円にするのに3年かかり、今、連結で41、42億円程度になっています。
菅下　いずれ売上げが100億円にはなると思うのですが、何年後くらいに達成できそうですか。
吉松　片手の指以内、早いうちには達成したいなと思っています。
菅下　5年以内くらい。
吉松　そうですね。

菅下　売上げの多くは、コミュニケーションの広告ということですが、広告以外の事業モデルは考えられますか？

吉松　たくさん利益の出るモデルではないですが、売上げ構成比としては、広告の他に、実際の店舗事業も始めています。店舗事業の売上げが33％で、あとはｅコマースの売上げがあります。

菅下　バーチャルからリアルに出ようとしているのですね。店舗は今何店舗くらいですか。

吉松　６店舗です。

菅下　場所はどんなところに。

吉松　新宿、渋谷、銀座、上野、池袋、福岡です。

菅下　全国の主要都市ですね。その店舗では、あらゆる化粧品を当然置いている。

吉松　そうです。

菅下　アイスタイルが製造しているわけではないので、純粋な販売店ですね。

吉松　はい。そうなります。

菅下　アイスタイルのデータベースから見て、どんな化粧品が売れるのかがわかるので、それを仕入れて、販売していくと。

吉松　そうです。

菅下　アイスタイルの事業モデルは、化粧品業界のマーケティングのトレンドを作っていると言えますね。世界でも、この事業モデルと同じようなことをやっている会社はあるんですか？

吉松　オンリーワンだと思います。

通常は、たくさんの情報コンテンツを入れたサイトを作って、広告収入を得るのが、インターネットの世界だと思います。

けれども、私たちは、化粧品業界に特化して、メディアの次は、ｅコマースを始めたり、店舗事業を始めました。

菅下　ｅコマースでは具体的にどんなことを？

吉松　サイトを見ている人に、化粧品を販売しています。注文が入ったら、化粧品メーカーから商品を仕入れるという形です。

菅下　一定のマージンをもらってやっているわけですね。ｅコマース事業が売上げに占める割合は、どのくらいになっているのですか。

吉松　全体の10％強になっています。
菅下　将来どんどん伸びていく可能性はありますよね。
吉松　そうですね。そうなればいいですけれど。
菅下　ｅコマースで買うと、店舗で買うより安く買えるはずですよね。そうしたら、売上げは伸びていきますよね。
吉松　そうですね、ただ、化粧品は再販制度が昔あったので…。
菅下　値段が統一されている。
吉松　ええ。なので、先程、化粧品はマーケティング費が非常に高いと言いましたが、ｅコマースは価格競争になってしまう。
そうした中、再販制度があったのが本と化粧品で、実は業界構造的には、非常に似ているのです。
多品種小ロットで、片方は紙を使ったコンテンツで、手にとって読まれないと価値が分からない。片方は水と油で、使ってみないと価値がわからない。それで、小学館、講談社、集英社から、資生堂、カネボウ、コーセーといった知名度の高い企業が事業を行っている。

ですので、このモデルはアマゾンのものを使えるなと思い、実は会社を立ち上げた直後、アマゾンさんに「アマゾンの化粧品モデルを使わせて下さい」と言いに行ったのです。

ところが、物販は壁がいろいろあって難しいので、そういう意味では、先にメディアが立ち上がったわけですが、やりたいことは、あくまでも、ネットもリアルも含めた全体をやっていきたいと思っていました。

世界最大の美容プラットホームに

菅下　アイスタイルの強みは、何と言っても、10年以上かけて蓄積してきた消費者のデータですね。他には、そうした情報を持っているところはないわけですから。そしてそれを元にしたコミュニケーション広告を展開している。

ということは、中国に進出した資生堂に対して、中国人を相手にした「＠ｃｏｓｍｅ」の情報を提供することも可能ですね。

吉松　可能だと思います。

菅下　これは、実際に考えているのですか。

吉松　そうですね。4年前に三井物産さんと一緒に出資をして、そういった中国でのサイトの立ち上げに、微力ながら参画させていただいています。

菅下　中国は、三井物産が主体になってやっているのですか。

吉松　現地の方が展開されている事業に、いろいろなパートナーが出資して、その一つとして参加させていただいて、いろいろ一緒にやっているという感じです。

菅下　化粧品で、しかも若い女性ということになると、お金をたくさん使うのは先進国なので、事業の中心は先進国になると思いますが、アメリカはどうですか。

吉松　世界の化粧品マーケットは、北米、ヨーロッパ、アジアに分けられますが、北米と日本では市場がまったく違うんです。北米には、いろいろな人種の人がいるので、いろいろな肌の人がいる。例えば「美白化粧品です」と言うと、それは人種差別になってしまう。だから、どちらかというと口紅などのメーキャップ商品が主体になっています。

一方で、ヨーロッパはブランド主体で、香水を軸に、ファッションとも結びついています。

菅下　すると、アイスタイルの日本のこの事業モデルをそのまま海外へ持ち込むことはできない？

吉松　持ち込めないです。でも、アジアに関して言えば、衣食住が満たされてから美容の需要が出てくるので、同じ肌質の人が１・２億人いて、一番進んでいるのが日本です。それで、周辺国がこれから成長しようとしている。だから、アメリカのブランドも、ヨーロッパのブランドも、日本のブランドの動きを見ているのです。

菅下　日本の化粧品会社の動きを参考にしようとしている。

吉松　はい。ただ、資生堂とカネボウ以外の化粧品会社、例えば、コーセーやＤＨＣ、ドクターシーラボは、個人オーナーが主体の会社なので、各々にサイトを立ち上げています。
すべての日本の化粧品メーカーとお付き合いがあるのは、実は私たちの会社ですから、私たちが、その橋渡しになれたらと思っています。

菅下　各化粧品会社、創業者がはっきりしているので、協力関係を考えにくい。だから、売り場ではみんなが競い合っているわけですね。

吉松　そうですね。

菅下　アイスタイルの場合は、何と言っても、販売促進を手伝っているわけですから、すべての化粧品会社とパートナーを組んで、友好的にやれると。その辺が非常にユニークですね。
その事業モデルで、早ければ2、3年、遅くても5年以内に、売り上げ１００億円を目指すわけですね。
その中で、吉松さんが10年後に目指す企業像というのは、どういうものですか。

吉松　「アジア最大の美容プラットホーム」を目指すことを基本に、ゆくゆくは「世界最大の美容プラットホーム」に成長したいなと。

菅下　化粧品だけにとどまらず、将来は世界最大の美容プラットホームを目指す。

吉松　そうですね。化粧品を軸に、モノを届けたりもできます。例えば、他の国に行けば、まだ物流インフラも整っていない国がたくさんあります。でも、化粧品や美容に興味があるという話であれば、女性、雇用、教育と、いろいろな可能性が出て来るんです。

例えば、どの国へ行っても、女性の社会進出はこれからです。

そこに対して、教育という切り口もあれば、女性が働く場所も増えているので、そういったところでボランティアもあるかもしれない。

化粧品メーカーになるのではなく、ソーシャルビデオなどを活用したり、各国の情報をつないで、ネットに詳しい会社としてのポジションで、メーカーさんと付き合えるプラットホームとして成長していきたい。日本は今、世界の美容業界の中でも、良いポジションにいますから。

菅下　今は「@ｃｏｓｍｅ」を見ている人が月５００万人とのことですが、いずれ1千万人を越えてきますね。それと同じものを北米、ヨーロッパ、アジアでも見られるようにするには、その国の文化に合ったプラットホームが必要になってきますね。

また、逆に、ユニバーサルな美容のプラットホームをアイスタイルは運営できるかもしれない。
そうすると、世界の1億人の若い女性が見ているサイトになる可能性もありますね。

吉松　可能性はありますし、そういうサイトが出てくると思います。

菅下　例えば、アジアのベトナムや台湾の国の人は、日本の美容に憧れていますよね。アイスタイルのサイトを見て「資生堂の、この口紅が欲しい」といったことも出てくると思います。世界中どこでも、アイスタイルのサイトから資生堂の化粧品が買えるようになる。この可能性もありますよね。

吉松　本当にそうなったら、一番いいですね。

菅下　そうすると、事業規模は100億円どころではなく、1兆円規模になってくると思います。
その場合、広告よりeコマースのほうが、成功したら大きな事業になると思う。ただ、決済の方法からデリバリーまでしっかりしないといけないですね。今は、アイスタイルのeコマースで化粧品を買った場合、どのような仕組みになっているのですか。

吉松　今のデリバリーやプラットホーム決済は、いろいろな会社がやっているので、すでに出来上がったところをうまく組み合わせていけば、アウトソーシングでできるようになっています。

3年後、5年後に成長する企業への就職を

菅下　専門に行っているところに任せているわけですね。

ところで、吉松さんの話に戻りますが、アクセンチュアには優秀な学生が第一志望で狙う会社だと思いますが、そのアクセンチュアを何年で辞めたんですか。

吉松　3年とちょっとです。

菅下　3年とちょっとでアクセンチュアを辞めて、化粧品の新しいサイトというか、コミュニケーションを立ち上げて、500万人の人に役立っているということですが、今は吉松さんが大学を卒業した時代よりも厳しい就職氷河時代かもしれません。

アクセンチュアを辞めて、新しい事業を立ち上げて、10年以上やってきた。良いこ

とも悪いことも、いろいろあったと思うんですが、大企業を40社受けて、どこも通らなかったというような若者に対して、こういう今、就職難に悩む若者にメッセージをお願いします。

吉松　よく言っているのは、今ではなくて、5年後、10年後で会社や仕事を選べと言っています。

わたしがアクセンチュアに入った時代、つまりアンダーセンの時代は、早稲田出身の友だちは、ダイエーとＮＴＴドコモとアンダーセンに受かったら、ダイエーやＮＴＴドコモを選んでいました。

その瞬間、瞬間で選ぶと、入りたい企業は変わってくる。5年前にグリーを選んだ先輩は、おそらく親に反対されたでしょうし、10年前にサイバーエージェントや楽天を選んだ人も、全員親に反対されたと思います。

菅下　それはそうですね。

吉松　今の学生さんに話を聞くと、親や兄弟、学校が反対しても、この会社に行きたい、と思って会社を選んでいないんですね。

菅下　みんなが賛成する会社に入っている。

吉松　そうなんです。でも、そうではなくて、どうしてもその会社に行きたい何かが見つかるまでは悩めと言っています。

菅下　つまり、今みんなが入りたい企業を選ぶなと。

吉松　そういうことです。

菅下　逆に言うと、５年後くらいに良くなりそうな会社を、一生懸命、自分で調べて見つけるべきだと。

吉松　一つの選択肢として、企業の一セクターで起業するのもありかもしれない。起業したいという人がいると思いますが、起業するのだったら、セブン―イレブンのフランチャイズも立派な起業だと思いますし、何をしたいのかということが重要です。社長になりたいというのは、多分答えじゃないと思いますね。

菅下　５年後、あるいはもっと将来、伸びそうな企業を自分で調べて、そういう会社に入れと。でも、それは三菱東京ＵＦＪ銀行に入るのと違って、周りにあまり歓迎されないだろうということですね。

吉松　そうですね（笑）。

菅下　一流大学を出たのに、何でそんな聞いたこともない会社に、と言われる可能性がありますね。

吉松　あとは、起業か何か分からないですけれど、会社に入ることだけが正解ではなくなっていることは、皆さん分かっていると思います。

自分が楽しいと思えるというか、信じられる道を選ぶべきですよね。会社を選ぶのは自己責任ですから、後になって「あっちに行っておけば良かった」という発言はできないですから。

菅下　そうですよね。だから、吉松さんの場合は、インターネットの勃興期に、化粧品業界という、マーケティングに大変なコストを掛けている業界をネットを使って、もっと効率的にマーケティングできるようにしていこうとしたわけですね。

吉松　ネットを使って変えられると思ったんです。

菅下　変えられるというのが、起業のきっかけになったと。

吉松　そうです。

菅下　ただ、そういうきっかけは、最初からあるわけではないので、とにかくどこかの会社で働いて、3年か5年やってみて、それでやりたいことがあったらやったらいいと。しかし、その企業は、今一番人気のある企業じゃなくて、5年後に人気が出そうな企業のほうがチャンスが大きいと。

そういう企業を見つけるのには、やっぱり情報収集が必要ですよね。

今はネットを検索したら、どんな情報も見られるはずなのに、みんななぜ住友銀行とか野村證券を目指すのか。なぜ、検索してアイスタイルを目指そうとしないのでしょうか？

吉松　何故ですかね。菅下さんは、何でだと思いますか？

菅下　それは先程おっしゃった、親の意向とか、そういうもので動いているからじゃないですかね。そういう固定観念があるからだと思います。

吉松　要は、自分で判断軸をつくっていないのです。ネットによって、インプットする情報は増えているのですが、それを処理するロジックが増えてないので、結局、同じことしか出てこない。

だから、学生と話をしていて思うのは、ツイッターのフォロー数が多いとか、フェイスブックを見ている時間が長いというのは、何の役にも立たないということです。

菅下　ツイッターやフェイスブックには、同じような考え方や意見しか出てこないから。

吉松　そうですよね。
菅下　フェイスブックは役に立たない。
吉松　役に立たないとは言わないですけど、昔、肉食系、草食系とか言われて、最近は植物系みたいに言われていますよね。
中学校を出て、高校を出て、大学に行ったら、友だちが変わりますよね。でも、今は昔の友だちとずっとつながっているので、高校行っても、中学の部活の友だちと仲が良くて、大学に行っても、社会人になっても友だちが変わらないということも多いようです。
菅下　それでは、世界が広がらない。
吉松　ええ。だから、自分が変わる必要がなくなっているのですね。自分が気持ち良いと感じる人だけとつながっているので、ロジックも変わらない。
菅下　自分の世代に応じた、新しいネットワークとか、新しい人脈とか、新しい情報網って必要ですよね。
吉松　必要ですよ。
菅下　それが、40代になっても、20代と同じネットワークでは進歩がないですよね。

吉松　進歩がないです。新しいものに切り替えるにはストレスが要りますが、前の人とつながっていれば、それもなくて、居心地が良いですから。

菅下　そういう罠に落ちている人が多いですね。

吉松　だから、ツイッターやフェイスブックは、つながることで世界が広がるネットワークではなくて、だんだん世界が小さくなってしまうもののような感じがします。

菅下　「若者よ、群れるな」というメッセージはどうですか（笑）。

吉松　僕らしくないと言われますね（笑）。

菅下　でも、吉松さんの人生を振り返ると、群れていないですよね。

吉松　そうですね。群れてないと言われれば、群れてはいないです。多分、あまり気にしていないのだと思います。

菅下　いわゆる自分の道、我が道を行くと。

吉松　そうですね。僕自身、もともと理系ということもあって、情報をインプットして、考えて、結果が分からない中で、こうなるだろうという仮説を立てる。それで、違う結果になったら、その考えるプロセス、要は判断の軸を増やしていくことが楽しいと感じてきたところがあります。今でも、例えば、楽天さんだったらどういう事業計画を書くのだろうとか、いろいろな人の事業計画を考えて、自社の事業計画を書くのが楽しいですね。

そうでないと、判断ロジックが増えていかない中でインプットを増やしても、知っていますす程度のことで、意味がないですから。

就職氷河期に複数社の内定を断わった理由

菅下　吉松さんは、大学に入るときに、将来の自分の人生計画というのはありましたか。

吉松　まったくなかったですね。中学、高校は私立の男子校に入っていたので、超モラトリアムでしたね。

菅下　大学は?

吉松　東京理科大学です。ちょうど団塊世代の子どもなので、ベビーブームの時代です。

なので、受験するのも嫌だなということで、そのまま推薦で大学に入り、就職活動に入ったという感じです。

そのまま理系で進んでいて、大学の３、４年の時の就職活動の時ですね。自分の人生について、自分で初めて考えたのは。

菅下　それまでは、親の言われるとおり、自動的に生きてきた。

吉松　もう自動的でした。そうすると、就職先も自動で決められるわけです。「おまえは理系で、バイオだから、製薬会社だ」「発酵系だからビール会社に」という風に。

それで、他の大学の友だちが総合商社や広告代理店に入ったりして「何じゃそりゃ？」というような感じでした。

菅下　そこで初めて、自分の独自の情報を集めるようになった。

吉松　ですから、実は、就職浪人もしているのです。

菅下　自分の行きたい会社に入れなかったから？

吉松　いや、入れたのです。大手ビール会社や、大手のＩＴ会社から内定をもらい過ぎて、逆に選べなくなってしまったのです。
大手のＩＴ会社から内定をもらった時は、電子科の教授が怒鳴り込んできました。枠が決まっているからで、僕の担当の教授は「うちの学科でマスターに推薦を渡しているのに、何で生物のおまえがＩＴ会社に行っているんだ？」みたいな。それで「僕は就職活動しているだけです」と答えても、理解してくれません。卒論はいったいどうするんだ、といった話になって。

それで、自分の人生をいろいろ考えながら大学の就職相談の窓口に参上していると結局、皆さん、今のような話しかしていないので、自分はどの会社も納得できない。

そんな時、早稲田大学の就職課に行ったら、東大、早慶、一橋用の白い就職本があるのです。中を見ると、ブーズ・アレンとかマッキンゼー、リーマンブラザーズなど、今まで見たことのない会社の名前が出てきて「ああ、こんなところでも差が付いている」と。

それで、一回全部、内定をご破算にしようとお断りしたのです。

菅下　いったん、決まっていた内定を。

吉松　そうです。それで、もう一回、就職活動をしようと思って、早稲田を拠点に就職活動を始めたのです。
その時に、いろいろな友だちと出会って、いろいろな話をしました。それまで自分の周りにいた人たちは「不況になると、やっぱり日本の銀行がいい」とか「外資はダメだよね」と言っていたのですが、早稲田では、あえて外資を選ぶ人たちがいるのです。
その人たちと話すのが楽しくて、「こういう世界だ」と思って、コンサルを7社受けました。その時の経験で、人生が大きく変わりました。

菅下　自分の仕事について、1年間考えて、外資系のアクセンチュアを選んだ。それは、そのときの早稲田の友だちとか、いろいろな友人の情報を元に判断した。

吉松　そうですね。そのときに話していた仲間は、意識が高かった。
自分は推薦で理科大に入っているけれども「弁護士になりたい」と東大を受けている友だちもいれば、「会計士になりたい」という友だちもいて、何でそんなに早く人生を決めているのか、と思っていた。自分は、大学を受験するか、どうしようかと悩んでいるくらいのときだったのに。

菅下　今の吉松さんの話は、誰もが経験することで、非常に重要な事だと思います。大学を出て就職する時、女性と結婚する時。この二つは人生において、非常に重要ですよね。

吉松　大事ですね。

菅下　就職、結婚、転職は重要な決断ですよね。こういう時、良い決断をするために大事なことは、本当にレベルの高い友人が周りにいて、そういう人たちにメンタル的な面も含めてアドバイスをもらえたりすることが、とても大事だと思うのですが、吉松さん自身、そういう経験はありましたか？

吉松　おそらく、そういうアドバイスをしてくれた仲間たちと話をして、自分が恥ずかしくない生き方をすることが大切だという思いがありますね。

菅下　その仲間とは今も交流がありますか？

吉松　はい。例えば、その時、一緒に就職活動をしていたのは誰かというと、南場（南場智子）さんとＤｅＮＡを一緒に立ち上げた川田尚吾というのも、その一人です。それで、そうした同期が、本を書き始めたりすると「やばいな。先を越されている」と思うわけです。

就職活動の前にみんなで集まっていた仲間には、孫泰蔵くんもいて「さっきインデイオというところに登記してきてさ、ヤフー（創業者）のジェリー・ヤンに会ってきたよ」と言われたりしたのですが「誰それ？」といった感じでした。それが3年もすると、「え？ そんなすごい人に会っていたんだ」みたいな話になって。

菅下　今の話は大事だと思うのです。

いま学生も若者も、一人一人が孤独になっているかもしれない。自分の悩みや重要な決定を相談する相手がいない人がけっこう多い。せいぜい両親だとか。両親はもう古い時代に育った人だから、就職の相談をしたら「アイスタイルに入るより三菱に行け」と言う人が必ずいるわけです。

そうすると、自分と同じ世代に優れた仲間がいるということが、人生の成功の一つのキーワードになりますね。

吉松　それは言えますね。

菅下　これは、今の時代だけの話でなく、人類の歴史上、すべてそう。

例えば、幕末維新の時に、土佐でも長州でも、同じ価値観を共有する若い20代の武士が、もう喧喧諤諤「日本をどうしたらいいか」と、命をかけるような倒幕活動をした。それは、良い仲間がいて、その仲間の中から、坂本龍馬や高杉晋作が出て来た。

今、吉松さんの話を聞いて分かったのだけれども、これから卒業する人も、今、社会へ出て2、3年、もしくは4、5年経つ人は、いかに自分をレベルアップしてくれるいい仲間を探すのか、あるいは持つのかということに尽きますね。

吉松　そうですね。今は振り返れば、ファッション業界でも、高田健三さんやコシノジュンコさんは専門学校で一緒だったとか、手塚治虫や石ノ森章太郎、赤塚不二夫などの漫画家が同じトキワ荘で育ったということがありますよね。自分のやっていることが間違いではない、と感じさせてくれる仲間がいることは大きいと思います。

例えば、僕らも10年前、ネットをやると言ったときに、「なぜ、そんなことを」と思う人もいたはずですが、不思議と周りはみんなネットの将来性を高く評価している人たちだったから、「なぜ？」とは思われなかった。

菅下　今なら、アクセンチュアは学生が就職したい企業であり、流行のビジネスですが、吉松さんが入った頃は、まだみんなは知らない時代でしたよね。その時、大手のＩＴ会社を蹴ってアクセンチュアを就職先に選べたのも、やはり良い仲間、幕末の仲間のように、未来を見ている仲間たちがいたからですね。

そうした仲間とは、どうやって付き合うようになったのですか。

吉松　神様が出会わせてくれたとしか思えないですね。
菅下　東京理科大の同期だけではないですね。
吉松　ええ。自分自身で作ってきた仲間です。
菅下　遊び仲間？
吉松　遊び仲間ではないですね。全く違います。
菅下　趣味か何かが合う？
吉松　まったく合わないです。就職活動で本当に悩んで、自分で一歩踏み始めた時だったから、出会えたのだと思います。今でも、自分が何をしたいか、本質的なことを考え抜いている時には、探している人に出会えるような気がしています。
菅下　一生懸命、就職活動をしていて、何かを模索していたから、同じように悩んでいる人たちが同じ場所に集い、出会ったと。
吉松　そうです。情報を集めているともだちとか、たくさんいるじゃないですか。その時出会った一人一人と電話番号を交換して、たくさん話しましたが、本当に突き詰めて考えている人たちは、少ないですよね。
多分それは、人は自然にフィルタリングされていくのだと思う。

菅下　そうですね。では最後に、５００万人の日本の女性が利用している「@cosme」で、最近のトレンドがあったら聞かせて下さい。

吉松　そうですね、どんどん多様化して正解がなくなってきているというのはすごく感じます。

菅下　美白志向があったり、自然派化粧品がすごく売れたり、最近は韓国のコスメが話題になっていますね。
日本の若い女性は、化粧品にかなりお金を使っているものなのですか？

吉松　使っていると思います。特に当社のサイトは20代、30代が中心になってくるので。

菅下　今、化粧品業界の市場規模はどれくらいなのですか。

吉松　メーカー出荷で1兆5千億円。小売りで大体2兆円、中国も2兆円市場になっています。

菅下　つまり、日本市場は、それだけ大きいと。その1兆5千億円のマーケットを、新しいコミュニケーションサイトで変えようとしているのがアイスタイルだと。

吉松　そう言っていただけるとうれしいです。変えられることはたくさんあるので、まだまだ頑張らなくてはいけません。

菅下　上場したのも、今後の事業拡大を考えてのことですね。

吉松　そうです。特に、海外で資金調達をしたり、海外でビジネスをする上において、上場企業という意味は非常に大きいと感じています。その意味で、上場は、最低限、クリアしておかなくてはいけないラインだと思っていました。

ゆくゆくは日本だけでなく、アジア市場での上場も視野に入れて、事業を展開していきたいと考えています。

出雲充・ユーグレナ社長

【プロフィール】

いずも・みつる

１９８０年広島県生まれ。２００２年東京大学農学部農業構造経営学専修卒業後、東京三菱銀行入行。05年ユーグレナ設立、代表取締役社長就任。中小企業基盤整備機構 Japan Venture Awards 2012「経済産業大臣賞」受賞、中小企業庁〝小さな企業〟未来会議メンバー、世界経済フォーラム（ダボス会議）Young Global Leader 2012にも選出された。

ミドリムシからジェット燃料をつくる！

菅下　まずはユーグレナという会社はどんな会社であり、どんな仕事をしているのか。事業内容および今後の成長性、事業を通じての出雲さんの夢ですとか、そういったことを中心にお聞きしたいと思います。

実は、わたしは去年（２０１１年）に出雲さんと初めてお会いして、こんなに素晴らしい研究開発、ビジネスをしておられる方がいるのかと思ったのですが、まずは「ユーグレナ」という社名の由来からご説明してもらえますか。

出雲　ユーグレナというのはミドリムシの学名でして、私どもユーグレナ社では、藻の一種のミドリムシを育てて人々と地球をきれいに、健康にするというのが会社の使命でございます。

人と地球、この二つをきれいに健康にするために、私どもは、主にミドリムシの研究開発を軸に、ミドリムシを使用した食品をつくる事業や、ミドリムシからバイオジェット燃料をつくっていきたいと考えております。

今、石油が将来的に枯渇することが懸念されているわけですが、石油に代わる新しい燃料として注目されているのが、微細藻類や植物等を利用するバイオ燃料です。われわれはそのミドリムシでバイオ燃料をつくりたいのです。

菅下　ミドリムシというと、あの藻《も》のようなものですよね。ミドリムシと聞くと、みなさん気持ち悪いと感じる人が多いのではないですか（笑）。

出雲　ほとんどですね（笑）。皆さん間違えます。

菅下　しかし、出雲さんはそうではなく、ミドリムシというのは素晴らしい、人間の生命の、最初の起源みたいなものだと考えているわけですね。

出雲　ええ。ユーグレナというのは、ミドリムシという和名から連想されやすい虫ではなく、藻の一種である微細藻類に分類され、体長は約30ミクロン（0・03ミリメートル）から50ミクロン（0・05ミリメートル）という微生物の一種です。

ご存じのように、ミドリムシは緑色の体をしておりまして、植物のように光合成を行って栄養分を体内に蓄えるだけでなく、動物のように細胞を変形させて移動することもできます。このように生物学上で植物的と動物的、両方の性質を備えている生物は非常に珍しい存在です。

そして人間に必要なほぼ全ての栄養素を作り出すことが出来ることから、弊社ではミドリムシの屋外大量培養技術を軸に食品や化粧品、環境関連技術など、様々な分野での研究開発を進めています。

菅下　なるほど。そこから健康食品や化粧品、更にはジェット燃料の開発という夢のような話になってくるわけですが、出雲さんの中では夢ではなくもうすぐ現実化しそうな話だと。しかし、ミドリムシとジェット燃料というのはどうしても結びつかないのですが……。

出雲　私どもがやるバイオジェット燃料というのは、ミドリムシ・バイオ燃料です。では、他のバイオ燃料とミドリムシ・バイオ燃料の一番の違いはなにか？

これは他の、サツマイモでもトウモロコシでもヒマワリでも菜種でも大豆でも何でもいいんですけれども、バイオ燃料は世にたくさんありますよね。それらの燃料はトラックを動かすことができても、飛行機の燃料ではありません。

菅下　飛行機の燃料にはならないのですか？

出雲　はい。ヒマワリもサツマイモもココナッツもトウモロコシも、それら飛行機の燃料を作るのは難しいです。

ですが、私どもは飛行機の燃料に使えるような、非常に品質のよい油をつくるミドリムシを捕まえて、見つけてきます。これを育てることによって、ジェット燃料をつくって、石油が少なくても飛行機を使える、そういう社会をつくろうということで取り組んでおります。

菅下　これはすごいことですね。他のバイオ燃料はジェット燃料に使うことは難しいけれど、ミドリムシはジェット燃料に使えるのですね。しかも、ユーグレナは、ミドリムシを大量培養する技術、ノウハウを持っている。だから、設備や施設さえあれば、世界中で培養できるというわけですか。

出雲　そうです。

菅下　そうすると、本当に石油は要らなくなるということで、ミドリムシによるバイオ燃料、これを大量生産できるようになれば、世界初のいわゆる再生エネルギーということで、もしかしたら、出雲さんは本気でノーベル賞をもらってしまう人なのではないかと思いますね。

出雲　いやいや、そんなところまでは行けませんよ（笑）。

火力発電所のCO_2排出問題を解消！

菅下　いや、本当ですよ。特に資源なき日本にとっては、ミドリムシが起死回生の一打にもなり得ると思うのですが、本当に大量培養して、日本に石油が一滴も入らなくなっても日本のエネルギーをカバーできるような生産体制ができる可能性はあるのですか。

出雲　うーん、わたしはやはり量的なところがすごく大事だと思っていまして、今、日本に大手の航空会社が2社あるわけですけれども、この2社の航空会社で、1年間に1千万トンぐらい、ジェット燃料を消費しているわけです。

菅下　つまり、1千万トンを輸入している？

出雲　ええ。輸入して全量消費しているわけです。それで、この1千万トンのうち、われわれは将来10％、つまり100万トン分をミドリムシからジェット燃料をつくって使っていただきたい。そうすれば、輸入する量は900万トンに減る訳じゃないですか。

しかし、これを実現するためには、一つ大きなハードルがございまして、本当に巨大な、ミドリムシを育てるプールをこしらえなくてはなりません。今、私どもは、沖縄県の石垣島で食用のミドリムシを育てているところですが、石垣島だけではちょっと場所が足りないのですね。

更にもう一つ、ミドリムシは植物と同じように成長する過程において、光合成で二酸化炭素（ＣＯ２）を必要とします。光合成によりＣＯ２を吸収して成長する際に油脂分を体内に作り出しており、これはバイオ燃料として応用できるものです。だから、逆に言えば、このＣＯ２を誰かから欲しいわけです。そのＣＯ２を一番出しているのは火力発電所です。

まさに今、原子力発電所の再稼働ができない状態にありますから、それがみんな、ＬＮＧ（液化天然ガス）や石油火力で代替エネルギーをまかなおうと考えているわけですね。

この石炭火力やＬＮＧからは、原子力と違って膨大なＣＯ２が排出されます。だったら、その発電所の隣にミドリムシ用のプールをつくってもらえれば、その発電所から出てくるＣＯ２でミドリムシをどんどん増やしていこうではないかと考えています。

菅下　これは素晴らしい話ですね。世界中の人々がＣＯ２の削減に頭を悩ませているわけですから。

出雲　ミドリムシがＣＯ２を吸収すれば、発電所のＣＯ２は減って嬉しいですし、ミドリムシはＣＯ２をタダでたくさんもらえますからね。

発電所の排気ガスには、ＣＯ２が通常の空気の３５０倍ぐらい入っています。ですから、その３５０倍のＣＯ２をミドリムシが食べて、われわれとしてはミドリムシが早く増える。

早く増えるとバイオジェット燃料もたくさんつくれるようになるので、今後は電力会社さんとか、ＣＯ２が出て困っていますという会社さんとの共同研究やコラボレーションというのが、最後、その１００万トンの燃料をつくるために必要な課題だなと思っています。

菅下　そういうモデルケースをわたしはぜひ日本から創ってほしいと思いますね。特に東北3県、大震災で被害を受けられた、しかも東京電力の福島原発がある、あの地帯一帯をミドリムシ培養地域に特別指定して、そこでどんどんやればいい訳ですね。

ちなみに東北３県にミドリムシを培養するためのプールをつくるとして、太陽や水といった周辺条件は大丈夫ですか。

出雲　私どもが知っているだけでもミドリムシは１００種類ぐらいあります。ミドリムシは実はすごく種類が多くて、暖かいところには暖かいミドリムシがいますし、冷たいところには冷たいところで大丈夫なミドリムシがいます。

ミドリムシはいろいろな田んぼや川、池、水たまりで生活しているのですが、水が凍らないのなら、そこで育つミドリムシがちゃんといます。

ミドリムシで国産の飛行機の燃料を各地でつくる。そういうことができれば、非常に夢と希望が湧いてくるのではないかと思いますね。

菅下　いま三菱重工業などが国産旅客機の開発をしていますけれど、仮に国産の飛行機を飛ばすのに、ミドリムシでつくった国産のバイオ燃料を使うということになると、もう夢のような世界ですね。もう原発がなくても、太陽光発電や風力発電などと同じように、ミドリムシも再生可能エネルギーとして考えられるわけですね。

出雲　ええ。そういう大きな可能性を秘めていると思います。

日本を新産業創出の地に

菅下　一方で、問題は現実的な実用化ということですね。いかにいいノウハウや技術力があっても、実用化されないといけないわけで、例えば、先程お話にあった１００万トンのジェット燃料をつくるためには、今ある石垣島のプールの何倍ぐらいのものが必要なのですか。

出雲　少なくとも１００倍以上ですね。これは菅下先生がおっしゃるように当社だけで出来る話ではありません。いろいろな大企業のご協力やご支援があって実現するものです。

例えば、われわれはミドリムシの何たるかは分かっているつもりですが、プールをどうやってつくるかとかポンプをどう接続するのかというノウハウは全く分かりません。

ですから、そこは日立プラントテクノロジーさんや清水建設さんに共同研究パートナーになってもらっていますし、ミドリムシ・オイルを航空燃料に精製するところはＪＸ日鉱日石エネルギーさんにご協力いただいています。

それを更に私どもに出資をしてくださった全日本空輸さんに、出来たバイオ燃料を実際に飛行機に入れて使っていただく。こうした大企業の皆さんと一緒に研究を行っております。

ミドリムシの乾燥装置

菅下　やはり大企業の協力が無いとできない。

出雲　はい。例えば、われわれのような小さなベンチャー企業がただ「ミドリムシ燃料は大丈夫です」と言ったところで、何も知らない方は心配になるじゃないですか。しかし、「全日空さんが使って大丈夫でした」と言うと、それだったら安心して使えるなということになると思うのです。

菅下　御社はとにかく、ミドリムシの培養に専念して実用化を急いでいるわけですからね。

出雲　ええ。ですから、こういう今ご支援いただいている大企業の皆さんと一緒に、２０１８年まで事業化を実現したい。つまり、あと6年あるわけですが、その間にミドリムシ燃料を生産できる設備を用意しようと考えています。

菅下　それはすでに場所なども考えているのですか。

出雲　いや、未定です。しかし、仮定の話ですが、例えば、古い製油所を閉鎖するとなった時にそのまとまった土地を使っていいとか、発電所の隣にある公園を使ってもいいというお話があれば、ぜひトライしたいなと思っています。

実際に整備されていないダムを使っていないので、余っているところをミドリムシのため池にしてバイオ燃料をつくってみてはどうか、というお話も頂いております。

菅下　しかし、面白いですね。例えば、東北3県をミドリムシ培養の特別指定地域にして、バイオ燃料指定地域として生まれ変わらせることができれば、被災地が新産業の創出地になるかもしれない。

もっとも、そのためには一企業の力では限界があるから、国家プロジェクトではないけれども政府の後押しも必要になってきますね。

出雲　ありがとうございます。そうなると、われわれにとっても有難いですけれども。

アメリカは国策としてミドリムシ研究を推進

菅下　いずれにせよ、実用化に向けては、「絵に描いた餅」で終わってはいけないわけですから、パワーのある人や企業をもっと集めることが必要でしょうね。そして、全日空の飛行機が一機でもいいからミドリムシの燃料で飛び立ったという実例化の事例ができると一気に弾みがつくのだと思います。

出雲　おっしゃる通りです。いつまで経ってもミドリムシでジェット燃料はつくれないと言われてしまうのは、われわれとしても非常に不本意ですので、ぜひとも実用化を急ぎたいと思っております。

やはり、わたしは政府の見方や考え方というのは本当に大事だと思っています。特に海外では、海外と言っても主にアメリカだけですが、アメリカはこのミドリムシというか、藻類由来のバイオ燃料を、政府の政策として研究開発を加速させています。

菅下　アメリカは国策としてもうやっているのですか。

出雲　はい。非常にこういう時にアメリカらしいなと思うのが、主にスポンサーになっているのが米軍、つまり、国防総省なのです。

国防総省が全米の大学や当社のような藻類を育てる研究をしていますというベンチャー企業に、軍の人がいろいろ加わり、じゃあこれをみんなで情報共有して研究して一気に進めましょうということで、軍が中心になって開発を進めています。

彼らは実際にいろいろなミドリムシの親戚のような藻類からつくったバイオ燃料で、空母に載っている海軍機、「F／A－18ホーネット」という飛行機だそうですけれども、これを飛ばしています。米オバマ大統領がわざわざやってきて「アメリカが作ったバイオジェット燃料で飛びました」と宣伝していたそうです。ただ、まだ技術的にたくさんつくることができないので、飛行機が飛んだのはまだ一回だけのようです。

菅下　それはいつの話ですか。

出雲　昨年、２０１１年のことです。

菅下　なるほど。アメリカもオバマ大統領のもと、風力や太陽光発電などの再生可能エネルギーに力を入れていますね。その中に、すでにミドリムシの可能性にも気付いているということですね。

しかし、ミドリムシはもともと日本の企業が世界で初めて純粋培養に成功したのに、いつの間にかアメリカが逆転してしまった……。なんてことにならないように、日本でも成長戦略の一つに入れて欲しいですね。

出雲　はい。そうなれば嬉しいです。日本は私どもユーグレナと東京大学をはじめ、さまざまな大学の先生方の英知を結集し、民間企業も多く揃っています。この点でアメリカに負けているとは思っていません。

初めての海外旅行で発見したこと

菅下　ユーグレナの可能性というのは、日本にとっても本当に限りない大きな夢ですね。

さて、ここで少し話題を変えまして、創業のきっかけについて伺います。

このミドリムシに出雲社長が注目したのは学生時代ということでした。しかし、東大を卒業して東京三菱銀行に入行したのであれば、普通といっては変ですが、普通はそのままエリートコースを目指すと思います。出雲社長は銀行には何年間勤めたのですか。

出雲　1年です。

菅下　1年で？　1年で辞めてしまったというと、今の日本の世間的な常識から言うと、ちょっと違うコースですね（笑）。

出雲　もう、「もったいないお化け」が出てしまう（笑）。

菅下　ああ（笑）。普通、周りの人は驚くと思いますね。

しかし、なぜミドリムシだったのか？　今ならもうビジネスもかなり注目されているし、出雲さんも「ユーグレナを世界に羽ばたく会社にする」という自信と希望を持っておられますけど、学生時代には、本当に自分の一生を託す仕事になるのだろうかという不安も多少はあったと思います。

その辺、ちょっとお話をお願いします。

出雲　そうですね。もちろん、不安がないと言ったら嘘ですし。結局、銀行を1年で辞めたあと、仮にミドリムシがなかなかうまくいかないとなった時に、頭を下げて「もう一回銀行に入れて下さい」ということになったら悔しいなという、そういう気持ちはありました。どんな選択をしても、辞めてからうまくいかなくなると、誰しも人は不安になりますからね。

ただ、わたしは今でこそ、こういうバイオ燃料とかCO2削減とか、そういう研究や勉強をさせていただいていますが、バイオ燃料は後から始めた話で、初めは食料の研究でした。

菅下　クッキーとか。

出雲　ええ。その食料に興味をもったきっかけですけれども、わたしは大学1年生の時に、生まれて初めて海外旅行に行きました。それはバングラデシュという、インドの東側にある非常に貧しいといわれている国です。

それまでのわたしは非常に無知で、バングラデシュは貧しい国だから、きっと食べ物が少なくてみんな困っているのだろうと思っていました。

だから、わたしは食べ物が不足しているのだなと勝手に思っていたので、1年で5回ぐらい収穫できる多収穫米とか、そういう米を開発してバングラデシュで植えたら、喜んでくれるだろうと思っていたのです。そして、インドとかバングラデシュとかアフリカの食糧問題の解決のために、何か役に立ちたいと考えていました。

しかし、バングラデシュに行ってみると、食べ物が無くて困っているということは全然なくて、毎日、朝昼晩お米はたくさんあるし、カレーもありました。だから、食べ物自体は足りているのですね。

菅下　食糧不足や飢饉のような状態ではなかったと。

出雲　はい。食べ物は足りているのです。しかし、主食は足りているのですが、野菜とかお肉とか、こういうものがなくて、それでビタミンとかミネラル、鉄分などの栄養が無かったのです。

菅下　つまり、炭水化物ばかり摂っている。

出雲　ええ。炭水化物メインでした。

菅下　そうすると、みんな病気になってしまいますね。

出雲　そうなのです。もうお米は十分に手に入って、1年で5回収穫できるような多収穫米を必要とはしていない。そうではなくて、ビタミンや鉄分などの栄養素がない。ここが問題なのだと気付きました。

ただ野菜とお肉をバラバラにつくって持っていくのは、これは非常に難しい。何とかならないかな？　と、帰国後もそうしたことを考えている時に、ミドリムシに出会いました。

世界中の人々をミドリムシで元気にする！

菅下　それはいつぐらいですか。

出雲　2000年、大学3年生の時でした。

調べると、動物と植物、両方の性質を備えているミドリムシには野菜のビタミンなども全部入っていますし、動物の栄養成分やアミノ酸も全部入っていると。ミドリムシは、ビタミン、ミネラル、アミノ酸、カロテノイド、不飽和脂肪酸など、実に59種類もの栄養素を備えています。人間が生きていくために必要な栄養素の大半を含んでいると言っても過言ではありません。だから、全部の栄養素がミドリムシで一気に摂れる、ということが分かりました。

ということは、じゃあカレーライスの中にミドリムシを入れたり、トウモロコシのトルティーヤにミドリムシを入れたり、ラーメンにミドリムシを入れたりすれば……。

菅下　ミドリムシを一緒に食べるということですか。

出雲　そうです。ミドリムシを入れれば、ビタミンなども摂れて健康になれる。それで、ミドリムシをみんなに食べてもらって、みんなに元気になってもらったら、これはもう絶対に楽しいだろうということでスタートしました。

ですから、会社を設立してからは、世界中のたくさんの人にミドリムシを食べてもらって「健康になったよ」「元気になったよ」と言ってもらえるまでは、銀行に戻りたいという気持ちを我慢して、ミドリムシをみんなにお届けする仕事をしたいなと思ったのです。

菅下　では、そのミドリムシに、大学3年生の時に出会って、しかもバングラデシユに行った時に、炭水化物ばかり食べている人の問題を解決するにはどうしたらいいだろうと考えたわけですね。

たまたまミドリムシが両方の要素を持っている。これを食品か何かにして食べてもらったらいいということで会社をつくったわけですが、商品の実用化はいつできたんですか。

出雲　結局、5年たった２００５年です。今でもはっきり覚えているのですが、12

月16日。ちょうどクリスマスの1週間前でした。だから、わたしはもう25歳になっていました。

菅下　その日はどうなりましたか。

出雲　石垣島で、ミドリムシが増えた。つまり、ミドリムシは１９５０年代から世界で研究が行われてきましたが、弊社が食品としては世界で初めてミドリムシの大量培養に成功したのです。

菅下　そのときはもう石垣島で培養していたのですか。

出雲　何回も練習をしていたのですが、やはり、石垣島でやっているときも、ミドリムシを増やしている最中に、いろいろなバクテリアや雑菌などが入ってきてしまうわけです。

　原生動物とか、動物性プランクトンとかがミドリムシを食べに侵入してきて、ミドリムシは食べられてしまうのです。だから、何回やってもミドリムシがうまく育たない。そういう状態でした。

　しかし、12月16日に初めてミドリムシが増えているというデータが出まして、培養の最中でも、他のバクテリアなどが入ってくるのを防いで、ミドリムシだけ増えたというのです。

菅下　そこで、得意の培養液を発見したわけですね。それを商品として実用化するためには、どこかの企業と提携しないといけませんね。最初に提携したのはどこでしたか。

出雲　一番最初は伊藤忠商事さんです。当社がミドリムシの研究をして商品化をしているといっても、最初は誰も興味を持ってくれませんでした。というより、何軒も何軒もあたりましたけど、どこもミドリムシに関心を持っていなかったのです。ところが、伊藤忠さんはまだミドリムシがそんなにというか、全く世の中でも知られていない、有名ではない時に支援してくださいました。ですから、わたしは伊藤忠さんに大変感謝しています。

菅下　伊藤忠の食品部門とかですか。

出雲　まさにその食品部門です。食料カンパニーの方です。

菅下　出雲社長も嬉しかったでしょうね。

出雲　そりゃあ、嬉しかったですよ。伊藤忠さんが支援してくれたおかげで、ミドリムシは大企業が応援しているのだから、ただの大学発ベンチャーの奇天烈（きてれつ）な発明ではなくて、もしかしたら世の中に本当に必要なものなのかもしれないという雰囲気が出来てきたように思います。

ユーグレナの製品

菅下　食料部門の人たちは、御社の研究を見て、これはいけるかもしれないと思った。伊藤忠がお金を出し、そして支援すると決まったのがこの頃なのですね。

出雲　2007年ですね。それはもう、2年間は誰も見向きもしてくれませんでしたから。

菅下　その伊藤忠の支援によってできた最初の商品は何でしたか。何か食べ物ですか。ビスケットみたいな。

出雲　サプリメントです。そして、自分たちでも細々と開発や研究を行いながら、一方で一番のメジャーどころでは小林製薬さんがミドリムシをベースにしたサプリメントを開発して製品化することができました。

菅下　サプリメントを自前でつくりつつ、一部、小林製薬で製品化したわけですか。自前でつくっていたものは、通信販売か何かで売っていたのですか。

出雲　インターネット上の通販です。実際に当社がお店を構えて、ものを売るということはできませんので。

菅下　先ほど何年たったら、日本の石油を全部まかなえるかという話になりましたけれども、実に守備範囲が広いですね。それがもともとはサプリメントで始まったのですね。今もサプリメントはあるのですか。

出雲　もちろん、今もあります。

ミドリムシが持つ重要な二つの効用

菅下　簡単で結構ですが、このサプリメントを飲んだ時の効用は何ですか。

出雲　大きく二つありますが、一つは、やはり植物と動物の栄養素が両方摂れるサプリメントというものがないわけです。でも皆さん、別に管理栄養士ではありませんから、普段、自分の食事をする中で、例えば、この植物が足りないとか、レバーが足りないとか、そういうことを分かる人ってごく少数だと思うのですよ。

菅下　普通は食事の成分や栄養素まで意識していませんね。

出雲　ええ。そういうことを別に分からなくても、ミドリムシをサプリメントで摂っていただければ、足りていない栄養素などを気にせず、植物系であろうと、動物系であろうと、全てを補給できるというのが、最大のポイントです。

菅下　ユーグレナのサプリメントを飲んでいると、非常にバランスのよい食事になる。

出雲　はい。これは錠剤のタイプもありますし、カプセルに入っているのもあります。わたしはいつもカプセルに入っているものを飲んでいます。

もう一つは、ここが非常に面白いところで、ミドリムシは体内にパラミロンという、食物繊維の仲間をつくるのです。このパラミロンが、足りないものではなくて、油など、いろいろ取りすぎのものを除去してくれるのです。

菅下　パラミロンという成分が油を除去してくれるのですか。

出雲　ええ。パラミロンは食物繊維なので、油を除去するのを手伝ってくれるということです。

ですから、結局、足りていない栄養素はミドリムシで補うことができますし、油みたいな取りすぎでは嫌だなという余分なものは出してくれる。そうやって、自然にいい状態に持っていってくれるのがミドリムシなのです。

そうはいっても、日本やアメリカでは何か栄養素が足りないという人はそんなにいなくて、油を取りすぎの人が多いわけですね。だから日本やアメリカなどの先進国の人は、後者の部分の機能が働いて、取りすぎの油は出しましょう、というのに適しています。

一方で、先ほど申しましたバングラデシュの人にとっては前者の機能が働きます。バングラデシュは、栄養素があれも足りない、これも足りないという状況なわけですから、ビタミンも鉄分もアミノ酸も補給できるというほうの、前者の機能が働くわけです。

菅下　へええ。ミドリムシは先進国でも途上国にもいいわけですね。

出雲　ミドリムシにはビタミンがたくさん、しかも天然のビタミンが含まれています。

菅下　今後、5年、10年先の見通しでいくと、一番売り上げの規模が大きくなっていく事業はサプリメントですか。それともバイオ燃料ですか。

出雲　当社は売り上げの目標などは公表していませんが、やはり、バイオ燃料が一番期待できると思います。

それはマーケットというか、要はバイオ燃料、特にバイオジェット燃料は、今のところそんなにライバルがいません。他にバイオジェット燃料をつくれるという人が、日本にはあまりいないですし、アメリカも今開発中ですから。その意味では、一番伸びる分野だと思います。

次代を担う若者へのメッセージ

菅下　それと、このシリーズ対談に出られた方に、共通の質問をしているのですが、ここに登場した方々は、全員、日本の社会では比較的世代が若くて、しかも独自の事業モデルで起業した、それで今、その起業したことが成功しつつあるという人ばかりです。

かつては小さいときから一生懸命に勉強して、塾に通って、東大を目指して、東大を出たら銀行や商社に入る、そして出世コースを歩むというのが人生の成功パターンと考えられてきました。しかし、今回ご登場いただいた方たちの共通項は、7人が7人とも全員、大学で浪人したり、あるいは、もう会社に勤めなかった。会社に勤めても、短期間で辞めてしまったとか、そういう人が多いわけですね。

一般の今の学生は、何とかいい大学に入ろうと努力してきて、卒業した後の就職にすごく困っていますね。もう40社の一流企業を受けたけれども、全部落ちたという人が、多数世の中にいるわけです。

そういう話を聞くと、なんでそんな、大企業ばかりに入りたがるの？　どうしてベンチャー企業を目指さないの？　自分で起業してもいいじゃないの？　と、私などは思います。

その悩める学生さんたちに向けて、出雲社長からメッセージをお願いします。

出雲　わたしもできることなら学生さんたちにユーグレナに来てほしいと思っています。

一方で、わたしは20歳の時にミドリムシで起業したいと考えて、一回遠回りというか、大学を卒業して銀行員になったわけですが、結果としてはすごく良かったと思っています。
例えば、三菱銀行とユーグレナに内定が決まったというと、親も、友だちも、ゼミの研究室の先生も、みんな、三菱銀行に行かなかったら、もう大変なことになる、と言う人が多いと思うのです。わたしも半分その気持ちは分かります。

菅下　ご自分が経験していますものね。

出雲　そうです。
わたしは、これはもう時効だから、書いてもらってもいいですけど、三菱銀行に就職したら、何かすごくお金持ちの人と知り合いになって、ミドリムシの資金を出してくれる人とか、応援してくれる人がいるのではないか、という下心も少しありました。

菅下　ああ、そういう狙いがあった。

出雲　ええ。しかし、もちろん、真面目に銀行の仕事をしていましたよ（笑）。
やはり、起業するには資金が必要ですから、そういう人脈づくりではないけれども、お金持ち探しをするのは、大企業に入った方が見つけやすいと思いますし、初めからベンチャーにいると不利だと思います。

いま自分が振り返ってみても、自分が銀行勤めをして、その時の同期がまだたくさん銀行にいますし、銀行からいろいろなところに転職した仲間たちとも人脈はできましたよね。ですから、大企業に入れば、そういうメリットはあると思います。

菅下　しかも三菱なら、いい大学からいい人が入っていますからね。

出雲　はい。今でもいろいろな人に、銀行のときのつてで助けてもらうということがたくさんありますからね。ですから、先ほど、学生さんが大企業を40社受けても１社も駄目だという話がありましたけど、わたしはそれなら、じゃあ４００社くらい受けようよと。

だって、ミドリムシを伊藤忠さんに採用してもらうまで、わたしは４００社とか５００社回って、ミドリムシを売り込んでいったわけですから。だからたった40社で大企業に入ろうなんて、世の中そんな甘い話があると思うの？　と、思ってしまいますよ。

やはり、厳しい言い方に聞こえるかもしれませんが、社会に出たらもっと厳しいですから。

もっと柔軟な発想や行動を！

菅下　将来就職活動をする学生さんも、40社受けて落ちようが、50社受けて落ちようが、めげることなく、通るまで１００社でも１０００社でも受けろというのが出雲社長のメッセージですね。

出雲　はい。わたしが伊藤忠さんにミドリムシを採用していただくまで本当に５００社くらいご説明に上がりましたから。

菅下　苦しいのは自分だけではない。だから40社くらいでへこたれているな、ということですね。

出雲社長も資金が集まらなかったら、今頃路頭に迷っていたかもしれないわけだから。

出雲　もう絶対に迷っていると思います。

菅下　大企業に入らなくても、ユーグレナに入るという選択もあるじゃないか、ですね？

出雲　やっぱりそういう志ある学生に、もっと来てほしいですよね。実際に当社にも新卒はたくさんいますし、東大を卒業した社員もたくさんいます。ちょうど先日も一流商社へ就職が決まっている大学4年生の東大生が、うちでインターンシップをしていました。そこで学生さんは、これからは一流商社や銀行だけではなくて、ユーグレナのようなベンチャーで働くのもありだなって半分くらいは思ってくれたと思うのです。

しかし、親や先輩、大学の先生など周りのみんなから「そんなベンチャー企業で働くなんて危ない、商社にいったほうがいいよ」と反対されたら、さすがにかなり意志の固い人でも迷うじゃないですか。

でも、昨年の震災後ははっきり言って、日本は全く別の国になってしまったのですから、就職活動や人生に対する考え方をもっと柔軟に変えていったほうがいいと思います。どんな会社に入っても、入社した後、本人がどれだけやり甲斐を持って頑張って働けたかの方がはるかに重要なことですから。

だから、あまり周りの人が選択肢を狭めてしまうようなことは言わないでもらいたいと思いますね。もちろん、人それぞれ考え方があるので、わたしに言えるのはそれだけです。

菅下　本当ですね。アメリカではいい大学を出ても必ずしも大企業に就職するのではなく、自分でベンチャーを起したり、ベンチャー企業に入って将来の独立を目指すというのが一般的です。その結果、ビル・ゲイツやスティーブ・ジョブズのような経営者が出てきたのですから。

日本でも若者が様々な選択肢を持って、大企業でなくともベンチャーで時代を切り開くんだ、という経営者が出てくるよう、ぜひとも出雲社長には実績を積んでもらって、「目指せ、ユーグレナ」という機運を高めてもらいたいですね。

出雲　ありがとうございます。そのためにも私どももある程度実績を積み、バイオ燃料の早期実用化ができるよう、菅下先生を始め、多くの皆様にご期待いただけるよう、社員一同頑張っていきたいと思います。

菅下　ぜひともミドリムシでできたバイオ燃料で、日本の飛行機が成田空港や羽田空港から飛び立っていく日が1日でも早く訪れることを期待しております。ありがとうございました。

出雲　ありがとうございました。

《著者紹介》

菅下 清廣（すがした・きよひろ）

国際金融コンサルタント、スガシタパートナーズ株式会社代表取締役社長、立命館大学アジア太平洋大学学長特別顧問。

大和證券国際部を経て、メリルリンチ、キダー・ピーボディなどの外資系金融機関で要職を務め、1989年、フランス系投資銀行の日本法人ラザード・ジャパン・アセットマネージメント代表取締役就任。98年に同社を退社。現在は内外の金融機関、新興企業、ベンチャー企業のコンサルタントや金融顧問を務める。「経済の千里眼」の異名を持ち、政財界に多くの信奉者を持つ。著者に、ベストセラーになった『2011年まで待ちなさい！』『世界のお金持ちはどこに投資しているか』（以上フォレスト出版）、『デフレの真実』（幻冬舎）、『恐慌突破』（青志社）など多数。

■そのほかの主な著書

『株で儲かる人の30の約束』（中経出版）、『新しい富の作り方』（フォレスト出版）『ウォールストリート式 年収1億円の条件』（同）、『2012年、新・ニッポン産業革命』（宝島社）、『スガシタ式高成長小型株をこっそり買ってメチャクチャ儲ける方法』（ダイヤモンド社）、『相場の波動はシンプルに読め！』（小学館）、『今から動いた人が、2013年に笑う！』（アスコム）、『ピンチをチャンスに変える極意』（産経新聞出版）。

時代を変える発想！
ゼロからの出発

2012年6月26日　第1版第1刷発行

著者　菅下清廣

発行者　村田博文
発行所　株式会社財界研究所
［住所］〒100-0014　東京都千代田区永田町2-14-3赤坂東急ビル11階
［電話］03-3581-6771
［ファックス］03-3581-6777
［URL］http://www.zaikai.jp/

印刷・製本　凸版印刷株式会社

ISBN 978-4-87932-084-1
定価はカバーに印刷してあります。